平凡社新書
1039

和食の文化史

各地に息づくさまざまな食

佐藤洋一郎
SATO YOICHIRO

HEIBONSHA

和食の文化史●目次

第9章　はしっこの和食

はしがき

日本語の「和」という文字は「日本」をあらわす語で、さまざまな字と組み合わされて、日本の何々、という意味の熟語をなしてきた。和文、和歌、和紙、和裁、和室などがそれである。和食もそうした熟語の一つで、字義どおりに解釈すれば、日本の食、あるいは日本の食文化という意味に使われる。

和の字がつく熟語には、ある思想が込められている。その思想は、こうあるべき、こうあらねばならないという和の理想形を追求するものだ。和食について考えてみる。二〇一三年の無形文化遺産登録の際に問われたのが、和食がもつ普遍的な価値についてであった。普遍的価値を問う作業とは、あまたある事例に通底するものは何かを考える作業である。けれど、このことが和食を窮屈なものにしている面も指摘される。「こうありたい」という願望が、いつのまにか「こうあるべき」「こうあらねばならない」という規範意識につながっているのではないか。「通底するもの」の探求は、とくに学問の世界では欠かすことのできない思考の過程ではあるが、反面、議論を多様性を損なう方向に進める働きもすることを忘れてはいけない。

この規範意識が、「日本」あるいは「日本社会」への帰属意識を強める意図をもつことも指摘しておきたい。帰属意識は集団の結束を高めるには有効だが、自己の集団を客観的に評価できなくなるという副作用をもつ。和食についてみれば、季節感に富む、健康によいなどのプラスの効果が語られてきた。それはそのとおりなのだが、けれどもそれらの性質は和食だけのものではない。

帰属意識のいっぽうで、日本の各地には、その土地に長く息づいてきたさまざまな伝統の食がある。それぞれが歴史をもち、今に至る経緯がある。日本列島における文化の構造について、以前は支配的であった「新しい文化は中国から西日本にやってきて東進し、関東・東北は文化的に一番遅れた地域である」という考えは、今では大きく後退している。

この古い考えを打破したのは、一九九〇年代の中・後期、東北地方から北海道南部にかけての地域であいついで見つかった縄文遺跡の数々であった。なかでも青森県・三内丸山遺跡からは巨大な建造物のほか、クリの原始的な栽培、タイやマグロなど海の魚の利用、漆の利用などのさまざまな文化的痕跡が見つかった。このような状態を見た知の巨人、梅棹忠夫や梅原猛は「縄文文明」という語を使ってその価値を表現した。

縄文文明論は、日本列島には「稲作を生業の基盤とし奈良や京都に都をおいた文明圏」のほかに、もう一つ、東日本を中心とする地域に展開した別の文明圏があったと考えようという大胆な提案であった。日本の学校では、「四大文明」の存在やそれらの特徴については教えてきたが、古代日本にこれらに匹敵するような文明があったとは教えてこなかった。日本の歴史家みずからが、日本の古代国家像を、中国の歴史書『魏志倭人伝』（三世紀）にそってつくり上げてきた。

そのもう一つの文明は、採集を主とし、ソバ、雑穀などの農耕を伴う食文化をもっていた。都などは破壊されて残ってはいないが、案外、のちの時代の平泉や十三湖の十三湊《とさみなと》などが、都の候補に挙がるかもしれない。そしてもし前者だけを「和」の文化圏と呼ぶのであれば、後者は何と呼べばよいのだろう。加えて、日本には南方由来の要素がある。それは太平洋沿岸の地域で房総半島付近にまで広がっていた。南方文化圏を含むこれら三つの文化圏は、至るところで混ざり合い、さまざまな雑種文化を生んできた。

そしてそれら雑種文化が生んだ食文化のなかには、もちろん「ハレの日」の食文化もあるけれど、日々の食、つまり「ケの食」の文化もたくさんある。それもまた守るべき和食ではないのか。あるいはまた、これまでは和食と捉えられてはこなかったけれど、今では普通の暮らしのなかに溶け込んでいるラーメンやたこ焼き、お好み焼きのような「粉モン」などを和食文化から除外してよいものか。

たった一つの和食を追求するのではなくて、「いくつもの和食」に光をあてるほうが、結局、和食の保護や未来への継承にとって大事なことではないか。そうした思いから、本書では各地各時代に成立した「いくつもの和食」の姿を追ってみることにした。

第1章　人類の食、日本人の食

一、人類は共食する雑食動物である

人類は弱い哺乳動物

アフリカのサバンナの大地でライオンやトラが、疾走するシマウマの背中に飛び乗り、押し倒し、喉を締めつけて窒息死させるシーンをテレビなどで見ることがあるだろう。人間には、そんな芸当はまず無理である。そもそも、彼らが走る速さは時速数十キロメートルにもなる。ヒトは、最速の男でさえ瞬間速度はたかだか三六キロメートル（一〇〇メートル一〇秒）でしかない。

原始の時代、彼らをとるには罠をかけるなどの策をめぐらせて動きを封じるか、あるいは道具を使って相手を倒すしか手段はなかった。さもなければ、手に入るものといえばネズミや昆虫のような小さな動物か、海岸近くにいる魚や貝くらいのものだった。口に入れてからもそうだった。動物を食うには骨をかみ砕き、生肉を咀嚼する必要がある。そしてそれには強いあごや歯に加え、強力な消化液をもつ必要がある。だが、ヒトにはこれらが欠けている。

北海道の牧場で、牛たちが干し草をさもうまそうに食べている。あんなに乾ききったものを食べて、のどがつかえないのだろうか。生草にしても、硬い草をむしゃむしゃと食べて栄養にするには、よほどの消化力が必要なはずだ。具体的には、硬い葉や茎をつくっているセルロースを分解する酵素と植物の消化に特化した胃腸が必要だ。

このように、動物性の食材にせよ植物性の食材にせよ、それを消化して栄養にするには強い腕力と消化システムが要る。そしてヒトはというと、そのどちらももちあわせていない、じつに中途半端で弱小な存在なのだ。人類が雑食動物になったのは、結局のところ、食べられるものは何でも食べなければ生き残れないという、切羽詰まった状況に置かれていたからにほかならない。

切羽詰まった人類がとった手段の一つが分業であった。食材は限られている。この食材はここに、あの食材はあそこに、というふうに分かれて存在していた。限りある食材を手に入れるには手分けすることが効率的である。日本の昔話に出てくる、「おじいさんは山に柴刈りに、おばあさんは川に洗濯に」というあれである。手分けして集めたのだから、その果実はみんなで分け合うというルールが発達した。これが「共食」という行為の発達につながっていったものと考えられる。

切羽詰まった人類を救ったもう一つの手段が火の利用であった。本格的な火の利用は今から一二万年ほど前に始まったようだが、これによって、明かりを取る、暖を取ることのほかに、食べ物を加熱する手段となった。加熱すれば、でんぷんも肉も消化しやすくなる。病気のもとになる微生物や寄生虫も殺せる。これにより、生ならば消化できないものが消化できるようになった。ひとところに集まって調理し、できたものを分け合う「団らん」の場ができた。

人類の食、共食という概念

先に「共食」という語を使った。共食とは、「集団の共同性・連帯性を表す手段」であり、そして「共同生活の諸行事に付随して……あるいは独立に」おこなわれる行動である。とくに「祭儀に伴う共食すなわち祭宴は、人々の交流や楽しみの場であるとともに、その社会の社会関係や世界観を表現し、社会を活性化させる重要な機会である」(「日本大百科全書」)とされる。また日本には、人と人との共食だけでなく、カミ(神)と人との共食、つまり神人共食《しんじんきょうしょく》という考えもある。

現代では、「共食」は「孤(個)食」の対語として用いられ、自らが健康であることを実感するため、健康な食生活を送るため、規則正しい食生活を送るため、そして生活リズムを保つために重要だという(農林水産省ホームページによる)。

これらの主張では、食という行為が「食べるという行為」に限定されてしまっている。けれど、食という行為は、その生産（獲得）から消費という広い範囲での営みを含んでいる。だから、その行為の全体を理解するのでなければ食の本当の意味は理解できない。

こういう観点からわたしは、「共食」の概念を、食材の獲得から排せつにまで広げてみるべきだと考えている。前項で、食料獲得における分業を「共食」の一部に含めたのはそのためである。

初期の人類は数家族、数十人の集団で社会を構成していたといわれるが、狩りと採集の暮らしのなかで、集団は次第に大きくなっていった。それにつれて分業はさらに社会化していったことだろう。分業が社会化したことで、食材の調達は、ある程度の人数からなる集団単位にならざるを得なかった。集団が大きくなれば、個人と個人の関係は複雑化する。複雑化した人間関係を処理できたのは、脳容量が大きくなったためとされる。

都市文明が起こったことで分業は決定的に拡大した。都市が、自分の食を自分でまかなえない人の集まる場所だからである。むろん、初期の都市では副業的な食料生産はおこなわれていた。けれど、彼らの主食は、誰かによってまかなわれねばならなかった。都市の人びとの主食は、周囲の食料生産者――例えば畑を耕す人びと――が支えた。

その都市民のエネルギーを支えたのが穀類である。イネ科やマメ科植物の種子は保存が利き、毒の成分が少ない。もち運びも比較的簡単で、多くが一年草であるため進化速度が速く、また自家受粉するものが多く品種改良がしやすかった。

一年草の植物は攪乱を受けた土地に適応する。攪乱は、季節的な水条件の変化、温度変化などの自然の要素のほか、開発など人間の要素によっても生じる。詳細は、わたしの著書『食の人類史』などを参照いただくとして、ごく大雑把な言いかたをすれば、都市の周辺では人為的な攪乱が大きくなり、寿命の短い、したがってしばしば花を咲かせて世代交代する草、それも一年草の仲間が適応する、ということだ。そして、それぞれの土地に、その土地ならではの原始的な穀類が生まれ、栽培され、食べられてきた。それらは多くが「雑穀」という名で今なお利用され続けている。

共食を広めたもう一つの要素が、人類がもつ長い保育の期間である。哺乳動物は、完全に親離れして自活できるようになるまでの保育期間が、ほかの動物に比べて長い。つまり生態学でいうところのK戦略者で、子孫を確実に残すために比較的少数の子を手間をかけて育てる戦略をとる。そしてヒトは、その最右翼に位置している。生まれて最初の数か月から一、二年程度の間、子は母乳で育つ。その後も親と同じものを食べられるようになるまでに数年の時間を必要とする。乳歯が生えそろうまでにも数年の時間がかかるのである。

このような状況下では、子は、生まれて数年間は親の庇護のもとに育てられる。つまりこの期間、乳幼児期は、親による手厚い庇護が成長の前提となる。これは、いわば、親子の共食の関係そのものということになろう。

糖質とタンパク質のパッケージ

世界の多くの地域で、植物質と動物質の食材をあわせた「食のパッケージ」が都市の登場以前から生まれている。このことはすでに前著『食の人類史』で書いたので繰り返しにはなるものの、ここでも少し触れておきたい。日本列島やその周辺には「米と魚」、ユーラシアの西方には「ジャガイモとミルク」あるいは「コムギとミルク」のようなパッケージが生まれた。「米と魚のパッケージ」の典型的な例が「すし」である。といっても現代の「にぎり」ではなく、古い時代の「なれずし」のようなものだ。琵琶湖岸の「ふなずし」は、水田で採れた米と水系に棲むフナでつくる発酵食品である。つまり、水田の生態系で採れた米とフナを一緒に発酵させてつくるのがふなずしである。

ふなずしは、まず春先に琵琶湖でとれたニゴロブナなどのえらとワタを抜いて塩をして塩漬けをつくっておく。初夏にはふなずしの漬け込みが始まる。専用の桶に炊いたご飯を敷き、先ほどのフナをびっしりと並べる。フナの体腔内にもご飯を詰めることもある。フナの上から塩をする。そしてまた飯を載せる。

この作業を桶の上面に達するまで繰り返し、最後に密閉する。半年もすれば食べられるようになる。ふなずしは、今では滋賀県に残るのみだが、以前は全国各地に類似の食品、なれずしがあった。この「米と魚のパッケージ」が、その後の日本列島の食の基本をなしたといえる。

農耕社会では、植物性の食材は栽培（農耕）で得られるが、動物性の食材もそれと同じ場所で生産（あるいは獲得）されることが多い。両者には同所性が認められる。「米と魚」の魚は、もともとは淡水魚である。ここで、米と魚は食物連鎖上互いに支えあう関係にある。魚の死骸やフンは、微生物に分解されてイネの養分となる。伝統的な浮稲地帯の農家が田に肥料をまいているところを見たことがないのは、そんなことをする必要もないからだ。いっぽう、魚はイネのつくる木陰ならぬ葉陰に隠れて、天敵の鳥などから身を護ることができる。つまり、イネと魚は共生関係にある。そして浮稲地帯の人間社会は、浮稲の生態系を丸ごと利用して食を営んできた。

中世以降の欧州の「コムギとミルクのパッケージ」にも、似たような関係がみられた。このころのドイツやフランスでは、土地は「三圃式」と呼ばれる方法で管理されていた。これによると、最初の二年間は、カブラやコムギが作付けされる。二シーズン続けて耕作したので、土地は痩せて収穫量が落ちてくる。そこで三年目には、この土地を休耕してヒツジなどを放牧する。家畜は放牧中生える草などを食べながらフンを落とす。これが肥料となって翌年からの耕作を支える。つまり、同じ土地で、作物と家畜を育てている。

どの例でも、食料の生産システムはとても「エコ」である。生産に必要な物資はほとんどその土地と近辺でつくられたものだ。現代社会のように、いろいろな資材を世界のあちこちから集めるようなシステムでは、輸送にかかるコスト（エネルギー）が大きくなって、およそエコとはいえない。だいいち、現代社会では、資材の多くは化石燃料でできていて、環境調和型とはいえない。

イモとドングリ

縄文時代の日本列島では、人口密度は東北や関東、信越地方で高く、西日本で低かった。この傾向はとくに中期ころに顕著であった。日本列島は南北に長く、植物質の資源は豊富であった。なかでもこの地域にはドングリの仲間（堅果類という）が多かった。そのなかでもクリの割合はかなり高かった。なにしろクリにはあく（灰汁）と呼ばれる毒の成分が少なく、面倒な加工をしなくても食べられる。それに実が大きく、可食部分の割合が高いからだ。

この時代、各地の縄文遺跡からクリの殻が大量に出土している。おそらくは原始的な栽培行為があったものと考えられる。収量の多い樹を残す、一か所に固めて植栽するなどの行為があったのだろう。彼らには、植物の生存に関する確固たる知恵があった。

ドングリの仲間は多かれ少なかれ、あくをもっている。たくさん食べると中毒を起こすし、なにより渋くて食べられたものではない。そこで、「あく抜き」という技術が発達した。集落のそばを流れる小さな川のなかにつくられたあく抜きの装置が出土した遺跡もたくさん見つかっている。

東日本を中心に広がるミズナラ、コナラ、クヌギなど、西日本の照葉樹林帯のアカガシ、シラカシ、アラカシなどのドングリはどれも強いあくをもつ。だからこれらのあくを抜いて食用にした。ドングリではないが、トチの実も強いあくをもつ。トチの実は今もなお、あくを抜いてトチ餅として食べられている。

それはともかく、ドングリは穀類と同様、原始的な種子農耕文化を支えてきた。いっぽうイモは栄養繁殖し「根栽農耕文化」（48ページ参照）を支えてきた。この発想は、中尾佐助の『栽培植物と農耕の起源』（岩波新書、一九六六）を下敷きにしたものだが、ここで大切なことは、日本列島とその周辺が、二つの農耕文化の入り混じった地域だというところだ。しかも二つの文化が接触していることで、食材のみならず食材加工の技術に交流が起きた。そしてその一つが「あく抜き」の技法であった。

あく抜きの技法が、南方から伝わったのではないかと考えたのが人類学者の佐々木高明であった。もともとあく抜きの技法が南方のイモの仲間（根栽類と呼ぶ）のあく抜きから来ている、というのだ。

イモの仲間といっても、ヤマノイモやサトイモにはあくはないと思われるかもしれない。だが、それは今の品種の話だ。サトイモの皮をむいたあと手がかゆくなる経験をした人もいるだろう。シュウ酸という物質が皮膚を刺激するのだ。シュウ酸の多いイモを食べれば、のどがやられてたいへんな思いをすることになる。サトイモと同じサトイモ科の仲間であるテンナンショウにもシュウ酸は含まれる。ヒガンバナ科のヒガンバナにも猛毒が含まれる。

この時代には、ほかにも日本原産の糖質源（ユリネ、クリ、ヤマノイモ、漿果《しょうか》など）があったものとみられる。また、後晩期になると、ドングリに加えて、米、アワ、キビ、ヒエなどの穀類が登場し、穀類が人びとのエネルギーを支え始めた。ただし、食材には強い地域性がある。ことに野生植物の場合、人間の操作が加わらないので、たいがいの植物は強い地域性をもつことになる。植物には移動のための器官がなく、移動の速度は動物に比べてうんと遅い。植物の最も強力な運搬者は風や水ではなくて人間なのだ。

日本列島の米と魚

日本列島に稲作が伝わったのは縄文時代の晩期のこととされる。水田の痕跡がこの時代までさかのぼることができるからだ。しかし世界を見渡すと、米は水田でつくられるばかりではない。焼畑のような、水田ではない方法でおこなわれる稲作は世界にはいくらもある。けれど焼畑のあとを考古学的に見つけるのはたいへん困難だ。焼畑では水田を形づくるあぜ道もないし、それに焼畑地は場所を替えて転々とする。畑は二、三年ごとに場所を替え、使った後は休耕地となりやがて森に戻るからだ。

考古学の手法が威力を発揮できないとなると、日本列島にいつから稲作があったかを正確にいうのはむずかしい。わたしは日本列島には、稲作はいわれているよりさらにもっと古く、縄文時代の晩期以前から、焼畑を利用する形であったのではないかと考えている。

本格的な水田稲作と米食の文化が定着し、古代国家が誕生したのはおそらくは古墳時代以降のことだ。古墳時代になると、古墳造営という大きな公共事業が始まる。その労働力を確保するには大量の米が必要であった。そして彼らの食をまかなうための水田が広まると、水田↓灌漑水路↓溜池という水田の生態系が確立してゆく。そこに棲む魚や、その他の水生の生きものたちが増えていった。すでに述べたが、列島の中央部には「米と魚」というパッケージが食文化として育った。歴史的には「米と魚」の魚は淡水魚であった。とはいえ、日本社会がこの時代から米ばかりを食べていたわけではない。東北日本の山間部では、一九世紀の終わりころまで、米に代わってアワが普通に食べられていたと、明治時代に東北地方から函館までを旅した英国人女性イザベラ・バードは、著書の『日本奥地紀行』に書いている。

数々の民俗事例は、とくに地方地域では「米」といってもそれは米に押し麦やサツマイモなどを混ぜたいわゆる「かて飯（糧《かて》飯）」であったことを示している。押し麦とは、オオムギの一種である「裸麦」の種子を押しつぶして乾燥させたものである。詳細はあとに書くが、白い米、米だけの白米を普通の日本人が全国であたりまえに食べられるようになったのは、一九六〇年代に入ってからのことであった。

ところで、魚は天然資源である。その繁殖に人間社会は直接には介在してこなかった。最近でこそ養殖や畜養が広まりをみせるが、それはごく最近のことで、大半の魚種では繁殖はいまだ人の手中にはない。生殖のコントロールは人知及ばぬところにある。

天然資源の利用は、利用する人びとに「自然の恵み」という感覚をもたせ、また自然に添うという思想を生んだ。「恵み」といっても、自然はときに牙をむく。ちょうど素戔嗚尊《すさのおのみこと》やその化身とされる牛頭天王《ごずてんのう》が、ときとして人間たちの社会をかきまわしたように――。

　素戔嗚は、既成の価値観をもたない存在で、高天原では神々に乱暴狼藉を働く。かと思えば、降り立った出雲の国ではヤマタノオロチを退治して人びとを助ける。素戔嗚と習合したとされる牛頭天王もまた、自らを厚くもてなした蘇民将来《そみんしょうらい》は篤く護る一方で、その弟一族は皆殺しにした。いっぽう、素戔鳴にせよ牛頭天王にせよ、おそらくは「自然」がもつ二面性を表現している。

　いっぽう、ユーラシアの西側社会のタンパク質を支えた家畜は、長い時間をかけておこなわれた品種改良の結果、生まれたものである。この点で家畜と作物は同じである。そして作物や家畜は、「人が創った生きもの」である。あるいはキリスト教は彼らを「神が人間のために創りたもうたもの」と教える。自然改造の発想も、ここから生まれているといえる。

　哲学者の和辻哲郎は、『風土』のなかで、欧州の人びとがこうした思想に立つに至った理由を穏やかな環境に求めている。つまり、欧州では、自然の驚異は、人間の手に負える程度の、おだやかなものだったということだろう。

　むろん、なかにはベスビオ火山の大噴火によりポンペイが一瞬にして壊滅した例もあるが、そのような事例ならば日本にはいくつもある。ポンペイの事例は、それがあまりに悲劇的で印象的であったために後世に語り継がれたのだろう。

第2章　こんなにもある和食材

一、和食材は多様である

日本列島の地理的多様性

食の性格を決める大きな要素は食材にある。このことに異議を唱える人は少ないだろう。むろん和食についてもそうである。

日本列島は地形的に多様性に富んでいる。列島の周辺では、四つのプレートがぶつかりあって地形を複雑にしている。多くの火山ができ、植生は頻繁に攪乱を受けてきた。島々の中央には高く険しい山々がそびえ、深い谷を刻むとともに、日本海側と太平洋側という二つの地域をつくり上げた。

列島は南北に長く延び、緯度は北緯二〇度から四五度に及ぶ。おおきな南北差は、北の地域を亜寒帯に、南の地域を亜熱帯にした。植生も大きく違い、北から順に、針葉樹林帯、落葉広葉樹林帯（ナラ林帯ともいう）、常緑広葉樹林帯（照葉樹林帯ともいう）、亜熱帯樹林帯の四つの森が成立した。そしてこれらの樹林帯の間では、樹種だけでなく下草の植生やそれに伴う動物相、昆虫相にも違いが生じた。

加えて、夏に降水量が増える太平洋側と、反対に冬の降水量の多い日本海側とでは同じ緯度帯でも気温や植生に違いがある。東北日本では、ごく大雑把にいえば同じ緯度の土地ならば日本海側の街が太平洋側の街よりも温暖である。理由の一つは海流にある。太平洋側では沿岸流は北からの寒流であるが、日本海側では南からの暖流（対馬海流）になっている。春先、低気圧が日本海を発達しながら通るとき、列島では強い南風が吹く。風下にあたる日本海側の土地ではフェーン現象が起き、高温の乾いた風が吹き荒れる。日本海側の地域では春に大火事が多かった。この風が大火事をもたらしたのである。

また、春先の高温は苗代《なわしろ》の開始を早めるのに具合がよかった。日本海側の降水は、冬には雪となる。雪は北日本では根雪になる。山の雪は雪解け水となって田を潤した。これらの要素が重なり、日本海側は早くから稲作地帯になったといえる。

日本海側の北部では、冬の降雪はやがて根雪となって耕作ができない。ほぼイネだけの一毛作になる。この地方が稲作先進地になった背景には、このことが存在している。

山に降った雪は春になると解けだす。里からみると、山肌がまだら模様に見えるようになり、その白と黒のコントラストが何か特殊な形に見えることがある。庄内平野からよく見える鳥海山では、その模様は「種まき爺さん」と呼ばれ、これが現れる時期がイネの播種の適期とされた。

こうした自然の変化は、天文学に基づく暦が一般社会に浸透するまで、一種の自然暦として地域社会のなかで生き続けてきた。それは、ごく最近まで気象台が観察を続けていた「生物季節」にも生かされていた。

なぜ和食材はこんなにも多様なのか

このような地理的な多様性を受けて、食用になる動植物相にも多様性が担保されてきた。糖質の給源である穀類についていえば、オオムギ、コムギ、ソバ、アワ、ヒエ、イネなどがつくられてきた。オオムギやコムギは冬作物である。秋に播いて春に収穫する。これらは冷涼な気候に適応する。イネやアワ、ヒエ、そしてソバは春に播いて秋に収穫する夏作物である。これらは温暖な気候に適応する。

そして土地に応じたさまざまな品種が生み出された。米を例にいえば、明治期の初年に日本列島にあった品種の数は四〇〇〇を超えていたといわれる。ほかにも、タカキビ、トウモロコシ、キビ、アワ、ヒエなどに多様な品種がある。穀類のほかにも、ダイズやアズキなどの豆類も品種分化した。根栽類も多様である。日本列島原産といわれるヤマノイモ、古い時代に渡来したサトイモのほか、近世に入るとジャガイモやサツマイモも渡来した。

野菜は、栽培化された植物の葉、茎、根、果実などをいう。植物の食材なので糖質の供

表1　野菜の渡来時期

時代	単子葉植物	双子葉植物
縄文時代まで	コンニャク、イネ	ダイズ、アズキ
5世紀ころまで	ショウガ	ダイコン、カブ、ゴマ、トウガン、ハス
古代（8〜11世紀）	ネギ、ニンニク	ナス、エンドウ、ソラマメ、レタス、キュウリ、ユズ、ゴボウ
中世前半（大航海時代以前）	タマネギ	シュンギク
大航海時代〜江戸時代	モウソウチク、アスパラガス	ニンジン、パセリ、ホウレンソウ、ヘチマ、サツマイモ、インゲンマメ、キャベツ、トマト、ハクサイ、カボチャ、ピーマン、トウガラシ、ジャガイモ、セロリ
明治時代以後		カリフラワー、ブロッコリー、モロヘイヤ、オクラ

「和食展 公式ガイドブック」（国立科学博物館）より筆者作成

給源たり得るが、今ではビタミン、食物繊維の供給源としてみられることが多い。のちに書くように、日本列島が原産で、かつ栽培化されていないものを「山菜」とし、野菜と区別してきた。ほとんどの野菜は海外から渡来したものである（**表1**）。

動物性の食材のなかでは、やはり海の魚種の多様性が大きい。列島を囲む海をみると、北のほうからは寒流が南下し、また南のほうからは暖流が北上する。それに加え、列島の陸域からは大量のミネラルが海に流れ込み、それが沿海の生態系を豊かにしてきた。列島の沿岸域には磯や干潟などが広がっていた。その不安定な環境が多種多様な生き物たちを育てた。それをめがけて近海の魚が集まり、さらにそれを求めて遠洋の大型回遊魚が集まる食物連鎖が発達している。

人間文化の要素も多様である。日本列島のうち、北海道の渡島《おしま》半島から九州の北半分の間の地域では、東（北）には縄文文化の要素が、西（南）には弥生文化の要素が定着してきた。また、南九州以南の地域には、「南島」の要素が伝わり、太平洋側の沿岸域にも広がった。北海道の多くの地域にはアイヌの文化やオホーツク文化と呼ばれる文化が広がっていた。

重要なのは、自然の要素と人間の要素が互いに影響しあいながら、各地に多様な食材を形成してきたことである。食材は、自然の産物でもあり、また長い歴史をもつ人間文化の産物でもある。

軟水と硬水

水は生命の源泉であるとともに、食の基盤となる食材である。たかが水くらい、と思っている人もいるかもしれないが、じつは水は食や食文化に大きな影響を及ぼす。

二〇一五年の春に東京に居を移した日の朝、わたしはいつもそうしていたように味噌汁をつくろうとしていた。具となる豆腐は近くのスーパーで買い求めたものだったが、出汁のコンブも煮干しも味噌も、京都の家から持参したものを使った。

最初のひとくちをすすった瞬間、いつもとちょっと違う味を感じた。豆腐のせいかと思ったが、豆腐は京都で買っていたもと比べても遜色なかった。汁の味が違う。何というか、こくがないのだ。身体が疲れているせいかと思ってその日はさして気にせずにいたのだが、次の日も同じことが起きた。コンブ出汁の効きが悪い。ふと思いついて、ペットボトルのミネラルウォーターを使ってみると味が戻った。原因が水にあることは明らかだった。あとになって知ったことだが、東京の水は硬度が高く、それでコンブ出汁がうまく出なかったらしい。だから、市販のペットボトルの水に替えたことで味が戻ったのだろう。

東京の水がまずいとか悪いといっているのではない。水に含まれる微量の要素やpHなどの値が土地によって違っているということをいいたいのだ。そしてごく大まかにいえば、東京をはじめとした関東の水道水は、大阪や京都など関西の水道水に比べると硬度が高い。つまりどちらかというと硬水に属する。

硬水とは、ミネラル分が多い水をいう。一リットルの水に含まれるミネラルのうち、カルシウムとマグネシウムの分量をミリグラム単位で表した数値を硬度という。含まれるミネラル量が一〇〇ミリグラムならば、その水の硬度は一〇〇となる。そして硬度が一〇〇を超えた水を硬水、それ以下を軟水ということが多い。一般には、日本の水は軟水であるが、同じ軟水のなかでも東京の水は硬度が高めである（千代田区六番町の蛇口で硬度六六・

四、二〇二二年度。東京都水道局）。いっぽう京都の水は、地下水が三〇から四〇前後、水道水も四〇前後だから、東京の水道水に含まれるミネラル量はその一・五倍ほどになる。

硬度の高い水でコンブ出汁をとろうとすると、コンブに含まれるうま味成分が水に溶けだしにくく、出汁の味が薄くなる。それが原因かどうかはわからないが、東京ではコンブ出汁を使う文化が育たなかった。関西の出汁が、コンブとカツオなど魚の出汁を合わせた「合わせ出汁」であるのと対極をなしていたのである。もっとも、硬度が低ければコンブ出汁に合うかといえば必ずしもそうではないようだ。硬度が低すぎると今度は生臭みが出たりしてよくない。京都の水は、硬度がちょうどよい加減なのだ、というのが京都の人たちの言い分ではある。

つまり日本列島の水道水は、おおざっぱにいって、東日本では硬度が高く、西日本では低い傾向がみられることがわかる。その理由ははっきりしないが、水の硬度はその土地の岩石の性質を反映している。ただし、同じ県、さらには同じ市のなかでも、浄水場によって硬度が異なることがあるので一概にはいえない。

さらに、硬度は季節によっても変わる。雨が多くなれば硬度は下がるし、反対に雨の少ない時期の硬度は高くなる傾向がある。その点、地下水の水質は比較的安定しているうえ、水温も季節変動しにくい。

地下水と水質

テレビ朝日の人気番組、『ポツンと一軒家』で取り上げられる家は水道をもたないことが多い。だいたいが沢から山水を引いて使っている。

現代では、水といえば水道水だが、人里離れた山中ではそうはいかない。山のなかだけではない。わたしは南紀の海沿いの村に生まれたが、わたしが生まれ育った家には一九六〇年ころまで水道はなかった。井戸が、生活に必要な水を手に入れる唯一の方法であった。水道を引いている家もあったが、村はずれ近くのわが家には水道管が来ていなかった。

江戸や京、大坂のような平野部に展開した大都市でも、井戸が水を手に入れる主な手段だった。そもそも、大都市で家庭に水道が引かれるようになったのは明治時代以降のことなのだ。

井戸が使えるということは、比較的浅いところに地下水が豊富にあることを意味する。川が山から平野に出たところにできた扇状地、海近くの堆積によって形成された三角州などは地下水が比較的豊富である。日本は山が多くしかも多雨地帯なので洪水の常発地帯である。大都市が発達した平野の多くは沖積《ちゅうせき》平野で地下水位が高い。

地下水はあまりきれいな水とは思われないかもしれないが、幾重もの砂礫層を通る間に浄化されてゆく。あるいは、火山から噴出しふもとに堆積した火砕流がつくる多孔質の地層も伏流する水を浄化する。火山近くに名水が多いのはそのせいでもある。大都市の地下水にしては例外的にきれいなのが京都の地下水である。何しろ水量が豊富なのと、上流に汚染をもたらす人間活動が少ないことが幸いしているのだろう。

日本列島では、水はその流域圏の地質を反映した性質を示す。流域圏とは一本の川や一つの湖が水を集める範囲をいう。例えば、滋賀県では蒸発する分を除けば降る雨水のほぼすべてが琵琶湖に流れ込むので、滋賀県全域が一つの流域圏となる。その水はたった一本の川と一本の疏水を通って外に流れ出て、やがては淀川に流れ込む。だから、滋賀県の全域が淀川の流域圏をなす。また日本列島の地形はとても複雑で、異なる地質環境をもつところが多い。そういうわけで、日本では、水は流域圏ごとに異なる性質をもつようになった。

都市の地下水の場合、地表面から汚水が混ざりこむこともあった。コレラなどの消化器感染症の大流行がしばしば起きたのはそのせいでもある。海沿いの土地では、地下水に海水が混ざることがある。また、都市部の地下水を大量に汲み上げることによって地盤沈下が起きた。一九六〇年代には、東京や大阪はじめ日本各地の大都市でも、この地盤沈下が大きく社会問題化した。

二、植物性の食材

いろいろな穀類

和食の代表的な穀類といえばやはり米である。ただし和食に使われる穀類は米だけではない。世界三大穀類とされるのが、トウモロコシ、米、コムギだが、そのうちのコムギもまた、重要な和食材である。

例えば醬油は、ダイズとコムギでつくられる。コムギの用途は多様で、ほかにも天ぷらの衣、麩の焼き、麩、うどんや素麵の素材などとして使われてきた。麩の焼きは小麦粉のクレープに白味噌をぬって巻いたものが原型とされ、千利休が好んで茶席の菓子に用いたといわれる。

麩は、小麦粉を水に溶いて団子にしたものをガーゼなどで包んで流水のなかでもみ、でんぷんを洗い流してつくる。主成分はグルテンというタンパク質で、それゆえに麩は精進料理の素材として使われてきた。現在、麩屋で提供されている生麩は、こうしてつくられた麩にもち米の粉を加えて蒸したものである。また、日もちがするように焼き麩も各地でつくられている。山形や金沢の車麩、京都の生麩などは地域の食材として欠かせない。うどんや素麺も重要な食品であった。うどんの多くは切り麺であるが、素麺は延べ麺、つまりひっぱってつくる麺である。どちらも日本各地に名産地があり、個性ある食品として知られる。また、名古屋のきしめんは断面が長方形をした平たい形をしていることで知られる。甲州のほうとうもまた、麺の変型版といえる。このように見てくると、コムギは和食のなかでは決して脇役ではなかったことが理解できよう。

コムギはまた、大阪周辺で発明され爆発的に広まったいわゆる粉モンの素材でもある。お好み焼きやたこ焼きなどを代表とするものだが、これらもまた和食であるに相違ない。一九九〇年代ころから、各地の「ご当地グルメ」などという地域の料理が注目を集めるようになったが、その多くが「焼きそば」「餃子」「ラーメン」などコムギの食品である。「世界第四の穀類」とされるオオムギも、和の食材として重要であった。ビールをはじめ、麦茶、はったい粉（麦こがし）の素材として欠かせない。はったい粉は裸麦が原料だ。いっぽう麦茶は、皮麦をローストしてつくられる。隠れた名品としては「麦味噌」があげられよう。

なお日本国内では、コムギもオオムギも秋に播いて春に収穫する冬作物として扱われる。したがって、これらは秋にイネを刈り取った後の「裏作」の代表的な作物であった。表・

裏と耕作すれば、土地は年中使われ、休まるときがない。

そこで肥料を与える必要性が生まれた。村の共有地の草を刈りこんで積み、たい肥として使うことが始まった。今ではレンゲソウは中国から輸入され、冬に成長させる作物として使われた。今ではレンゲソウを栽培する畑をみなくなったが、春にはそれを田にすきこんで肥料とする文化も中国からやってきたものだ。

総じていうと、オオムギはコムギに比べて早生で、収穫は梅雨前に終わるところが多い。いっぽうコムギは晩生《おくて》で、収穫が梅雨にかかることもある。麦は湿気を嫌うので、コムギの栽培適地はオオムギのそれに比べて限られていた。それでも両者は重要な作物で、かつては梅雨前の田園地帯を黄金色に染める「麦秋」の景観をなしていた。

麦秋や子を負いながらいわし売り　　一茶

越後で見た光景をもとにした、小林一茶のこの句に詠まれているのはオオムギであろう。そういえば、山田洋次原作・監督の映画『男はつらいよ』三一作目（「旅と女と寅次郎」一九八三年）にも麦秋のシーンが登場する。新潟平野の西の端、弥彦山のふもとの岩室村（現 新潟市西蒲区岩室）で撮影されたものだという。そこに映っていたのもまた六条オオムギであった。

そばはソバという植物の胚乳を粉にしたもので、これまた和食材として欠かせない。そしてソバには、「蕎麦」と「麦」の字があてられ、また広義には穀類として扱われることが多いが、双子葉類のタデ科に属する植物である。ソバの利用はアジアから欧州にまで広がるが、日本国内では東日本での生産、消費が多い。

古くからあるコムギの料理

麦秋は、岡山県の児島湾一帯でもみられた。奈良盆地、播州平野や讃岐平野から北部九州に至る瀬戸内海沿岸なども含めてである。これらの地域はいわゆる瀬戸内式気候に属する地域で、年間降水量とくに梅雨前の降水が少なく、コムギやオオムギ栽培には好適な環境である。この時期に雨が多いと、種子や穂にカビが生えるなどの障害が起きて都合が悪い。

西日本では、中世になると肥料の改善などによって二毛作が普及した。春から秋には米をつくり、秋から春には麦やレンゲをつくる作付け体系が確立した。裏作のちょっとした空間にはソラマメやエンドウ、それにナタネなどが植えられた。ナタネは重要な油糧作物で、その種子から得られた菜種《なたね》油は天ぷらなどのほか、明かりをとるのにも使われた。

現代の日本の小麦粉の料理は、大きくいって麵と焼きものに分けられよう。麵は、うどん、素麵、ラーメンや焼きそばに使われる中華麵などが主なところだろうか。そして焼きものが、お好み焼き、たこ焼き、それに広島焼きと呼ばれる、焼きそばとお好み焼きの雑種のような焼きもの（もんじゃ焼きなどを含む）である。どら焼きや回転焼きなど、なかに餡などをいれた焼き菓子もこれに含まれる。

コムギの麵といえば、なんといってもうどんと素麵が主である。なお、今のうどんは多くが切り麵、つまり庖丁で細く切った麵であるが、素麵は延べ麵、つまりひっぱって細くのばしてつくる麵である。どちらも、コムギのグルテンというタンパク質を使って細長い形状とコシを維持するが、グルテンの生成量は品種により異なる。

いわゆる強力粉のもととなる品種はグルテンの生成量が多いが、薄力粉は少ない。グルテンの量を決めるもう一つの要素が塩である。塩は、日本では伝統的に海の塩で、したがってコムギの麵は塩の産地、あるいは塩の流通拠点近くで発達した。

関西では、奈良県の三輪素麵の歴史が古く、江戸時代には伊勢参りの参詣者などを通じて西日本各地に伝わった。兵庫県の播州龍野が一八世紀の後半には素麵の大産地となっていたし（『揖保乃糸』）、長崎県・島原の素麵も、その起源は一七世紀の前半までさかのぼる。富山県の大門素麵も、幕末ころからつくられる個性ある素麵の一つだ。多くの素麵が延ばした後、直線状に乾かして保存されるが、大門素麺は生乾きのときに丸髷《まるまげ》状に丸めて完全に乾かし和紙で包んで保存される。

大阪や京都は、伝統的にコムギ食が盛んな土地である。さらに古く、今の和菓子のおおもととされる「麦縄」「策餅《さくべい》」と呼ばれた食品は、コムギを使ったものといわれる。コムギは、おもな植物質の食材のなかではダイズに次いで高タンパクの食品である。生麩はコムギからつくられる。精進料理が発達した京都にコムギ料理が多いのもうなずけよう。

先にも述べたが、京都と境を接する大阪もコムギ料理の盛んな街の一つだ。とくに「お好み焼き」「たこ焼き」に代表される「粉モン」と呼ばれるコムギ料理は、大阪の食の特徴を決める食文化の一つである。大阪うどんもまた、コムギ料理の一つである。

ひとくちに野菜というけれど——野菜の多様性

現代人は、年間にほぼ一〇〇〇回ほど食事をする。この一〇〇〇回の食事で、人びとは何種類の植物性の食材を食べるだろうか。ある日の朝ごはんに、ご飯と豆腐の味噌汁、それに納豆を食べたとしよう。味噌汁の具は、豆腐、ネギ、納豆は刻みネギと醬油を加えた。この場合、ご飯には「米」一種、味噌汁には、「ダイズ」「ネギ」、納豆には「ダイズ」「ネギ」、醬油には「ダイズ」「コムギ」が含まれるから、食べた食品の数は四種類になる。意外と少ないのだ。

日本は野菜の種類が比較的多い国でもある。もっともそれは欧州に比べての話で、熱帯、とくにアジアの国ぐにでは野菜の種類は日本よりもずっと多い。

わたしが東南アジアの国ぐにを歩き回っていたころ、朝、宿泊先のホテルを出てまっさきにする「仕事」が市場回りであった。なかでも「ウエット・マーケット」と呼ばれる野菜、魚、肉などを売るコーナーは訪ね歩いて飽きることがなかった。植物性の食材を売るコーナーには、ジャガイモ、ニンジンなど今や世界的に食べられている野菜以外にも、香草の仲間、キノコやタケノコの水煮、季節の果物などが所狭しと並んでいた。それらの名前を調べ、覚えるのは楽しい作業だった。

日本で、野菜と呼ばれているものの大半は海の向こうから運ばれてきたものである。先史時代から日本列島にあり、今なお食用にされている植物資源は、「山菜」と呼ばれているが、種類はそれほど多くない。野草の新芽や若葉、クリやクルミ、トチなどの堅果類、ニワトコやヤマブドウなどの漿果や、キノコ類、ヤマノイモなどだろうか。

やってきた野菜の渡来の時期は表1（33ページ）のようになる。これによると渡来の時期は縄文時代から現代に及んでいる。つまり、野菜は不断に日本列島に運ばれてきたのである。日本が鎖国していたはずの江戸時代にも、いくつもの野菜が海を越えて運ばれてきた。野菜には鎖国も国境もなかった。運び手は仏僧が多かった。仏教が、日本の食に深くかかわってきたことがわかる。僧侶と食のかかわりの歴史は、古くは鑑真の時代にさかのぼる。

その後も多くの野菜などが中国から運ばれた。大航海時代以降の時代になるとポルトガルやスペインなど欧州から運び込まれたものも多かった。そのなかには、キリスト教の宣教師がかかわったと考えられるものが複数ある。宗教が、食文化や食事の伝播に大きく影響したことが窺われる。

和の柑橘

野菜ではないが、植物性の和の食材で忘れることができないものに柑橘類がある。多くは植物分類学上のシトラス属（ミカン属）に属するが、この仲間の植物はちょっと複雑な進化をする。枝単位で突然変異を起こす「枝変わり」をしばしば起こすほか、自然交配も起きてきた。

最近では、人工交配も盛んで、親子、兄弟の関係の追跡は容易ではない。ただし日本で普通にみられる柑橘は、ミカン類（ミカン、ポンカンなど）、オレンジ類（ネーブル、バレンシアオレンジなど）、グレープフルーツ類、タンゴール類（伊予柑、タンカンなど）、香酸柑橘類（ユズ・カボス・スダチ・レモン・シークヮーサーなど）、ブンタン類、雑柑類（夏ミカン・八朔《ハッサク》・日向夏《ヒュウガナツ》・デコポンなど）、キンカン類に分けられている（日本くだもの農協ホームページ）。

柑橘の主産地は、日本列島のなかでは南西部に集中する。それは、柑橘が常緑広葉樹だからだ。日本列島の常緑広葉樹は、文化的には照葉樹といわれる。照葉樹林文化の舞台が、柑橘食の舞台でもあったのだ。

柑橘は、個性的な香りと酸味をもつものが多い。その筆頭はユズ（柚子）だろうか。皮を中心に固有の香りがある。ユズは、まだ熟さない青い実のうちから料理に使われる。「青ユズ」と呼ばれる濃い緑色の皮をしたゴルフボール大の果実を輪切りにし、汁物の浮き実に使う。夏の暑いさなかの熱い汁物に浮かぶ輪切りのユズは、何ともいえない清涼感を醸し出している。なかの果実より、皮のほうに使い道があるのはユズくらいのものだろうか。生産地としては京都が古いが、現在の生産量でいえば高知県が他を圧倒している。

すっきりした酸味で、鍋料理に添えられるものに、スダチ、カボス、ダイダイなどがある。前二者は青ユズと同様に未熟の果実を用いるが、ダイダイは完熟果が使われる。ダイダイは、その果名が色名になるなど、鮮やかな「橙色」の皮をもつ。変わったところでは、沖縄のシークヮーサーとブッシュカン（仏手柑）をあげておく。シークヮーサーは沖縄固有の柑橘で、強い酸味が特徴である。夏と冬両シーズンにわたって利用され、夏のそれは青い未熟の果実、冬のそれは黄色くなった完熟果が使われる。

ブッシュカンの名前はその形から来ている。突然変異を起こしたのであろうが、果実の先のほうが細い仏さまの指先のようにたくさんに枝分かれしている。ミカンといえば果汁をたっぷりと含んだ房の部分を普通はさすが、ブッシュカンにはその房の部分がみられない。ブッシュカンは食用というよりむしろ装飾用に使われるが、高野山（和歌山県）の門前町にはこれを砂糖漬けにしたものがある。食文化が、普通なら使いようのないものに付加価値を与えたのである。

三、マメとイモ

イモとサツマイモ

日本語でイモという場合、サツマイモ、ジャガイモ、サトイモ、ヤマノイモ、コンニャクなどを含んで言う。いわゆる「根菜」である。それぞれの分類学上の位置は表2に示すようで、単子葉植物から双子葉植物に至るじつに多様な仲間に属する。文字どおり、根菜は根や地下茎を食する食べ物であるが、栽培の観点からは「根栽」、あるいは根栽農耕の語が用いられる。なお、根栽の語を使うとき、そこにはバナナやパンダナスなどが含まれている。これらは根や地下茎ではない部分を食するわけで、イモには含まれない。なお、イモをイモのまま食べる食文化もあれば、コンニャクのように加工してからでないと食べられないものもある。

イモの仲間に含まれるものとして、テンナンショウ（マムシグサ）、トコロなど、今では栽培されなくなった植物もある。純然たる作物とはいえないが、かつては救荒作物として、飢饉のときなどに食べられてきた植物たちである。人間には有毒な成分をもち、解毒しなければ食べられない。過去に食された経緯があるので表2に加えておいた。ほかにも、毒はないが、地下にでき、食べるにはそれなりの加工が必要なものがいくつもあった。ユリネ、クワイ、

表2　イモの仲間たち

名称	食べる部位	分類
サツマイモ	塊根（根）	ヒルガオ科
キャッサバ	塊根（根）	トウダイグサ科
クワイ	塊根（根）	オモダカ科
ジャガイモ	塊茎（地下茎）	ナス科
サトイモ	球茎（地下茎）と葉柄	サトイモ科
コンニャクイモ	球茎	サトイモ科
テンナンショウ	球茎	サトイモ科
ヤマノイモ	担根体とむかご	ヤマノイモ科
トコロ	担根体	ヤマノイモ科

作成：筆者

チョロギなどである。クズもまたその根が食べられるが、そのでんぷんを取り出すのには相当の労力と時間を要する。

そうした記憶が残っているからだろうか、「イモ」はあまりよい意味には使われない。今や差別語とも認識される「田舎者」は、「イモ」と呼ばれた。「イモ料理」「イモ姉ちゃん」などそれから派生した侮蔑語の最たるものである。「イモ芝居」は、下手な芝居のこと。「イモの子を洗うような」とは、プールが混みあって泳ぐことができないような状態をさす。

サツマイモは南米の原産である。記録によれば、それは大航海時代に欧州に渡り、そこから渡来して以来、糖質源としての役割を果たしてきた。その高栄養のゆえ、幕府のすすめもあって各藩はこぞってサツマイモの栽培を奨励した。その過程で、さまざまな品種が生まれた。痩せた土地や砂地でもできるので重宝されたようだ。栽培条件がよいと、そしてうまく料理すると、サツマイモは糖度がぐんと上がる。そして今ではサツマイモは調理用のほか、焼酎、工業用の糖の原料としても広く使われている。

サツマイモを原料につくられる焼酎はイモ焼酎として知られ、その主産地は鹿児島県と宮崎県である。起源はわからないが、琉球に伝わった泡盛の技法が九州に伝えられたと考えるのが自然なように思われる。

なお、生産量でいえば宮崎県が第一位であるが、蔵の数からいうと鹿児島県が他を圧倒している。そしてイモのでんぷんを糖化するのに使われる麹菌は黒麹菌である。日本酒の黄麹菌とは別の種に属する。

サトイモとヤマノイモ

サトイモとヤマノイモ（ジネンジョ、ナガイモ）はどちらも日本原産か、またははるか昔から日本列島にあったイモである。加工法、調理法も多様である。

サトイモは今では煮物にしたり、雑煮に加えて食べられたりする。おでんの種《たね》にする地域もある。蒸したイモをつぶして団子にまとめ、油で揚げたり、揚げたものを蒸したりして使われることもある。京都では、サトイモ属のエビイモを「京野菜」の一つとして登録し、品質の保持と系統の維持が図られている。「芋棒《いもぼう》」という、エビイモと棒鱈の炊き合わせた名物料理の主役にもなる。あくまで「おかず」の位置づけだ。

けれど、南西諸島などでは、サトイモはむしろ主食の位置づけにあった。本土の各地でも、サトイモはその強いねばりから餅代わりにも使われてきた。正月などに餅を食べない「餅なし正月」を送るところがある。そして、餅なし正月を祝う地域では、穀類の餅に代わってサトイモが使われてきた。

サトイモの葉柄の根元の部分は「芋茎」の名で知られている。芋茎と書いて「ずいき」と読む。皮をむいて水にさらしてからよく煮て乾燥して保存食にする。使うときには水で戻して煮物に使う。山形県庄内地方のカラトリイモは、この芋茎も柔らかく、イモの部分から芋茎の部分までを食べる。栽培は典型的な水耕によることが多く、田でも栽培されてきた。

ヤマノイモでは、とろろ汁が最もよく普及した調理法だろうが、これと刺身を合わせた「ヤマかけ」も「であいもの」の妙であろう。ほかにも短冊に切って和え物にしたり、漬物にしたりもする。天ぷらにするとあの独特のねばりが消えて意外な食感となる。大阪名物のお好み焼きでは、生地にそのすりおろしが加えられる。

ヤマノイモは和菓子の原料にも使われてきた。今は「常用饅頭」あるいは「上用饅頭」などと呼ばれることもある薯蕷《じょうよ》饅頭の皮には、薯蕷《やまのいも》がつなぎとして加えられる。薯蕷を加えることで皮を薄くすることができるからだろう。鹿児島の名菓である「かるかん」もまた、ヤマノイモを原料にする。なかに漉《こ》し餡を包んだ「軽羹《かるかん》饅頭」がよく知られるが、もとは羊羹のような棒状のものが普通だった。

なお、ヤマノイモのツルにつく「むかご」もまた、よく食される。飯と炊き込む「むかご飯」のような方法で食用にされてきた。むかごは、植物学的には茎の一部分で、栄養繁殖能力をもつ。つまり、この部分を種子のように植えつけると、そこから芽や根が出て新たな個体に成長する。一種のクローンである。

和食のマメ

マメは和食でも盛んに用いられる食材である。なかでもダイズは貴重なタンパク源として重宝されてきた。アズキも餡の原料として重要であった。どちらのマメも、近代以前は一〇〇パーセント自給できていたが、今はともに一〇パーセント内外にまで下がっている。

ダイズの重要さはここで言うまでもない。ダイズでつくられる食品をざっとあげてみても、豆乳、湯葉、豆腐、その加工品である揚げや凍り豆腐、黄粉、また発酵食品を加えれば納豆、醤油、味噌と、じつに多岐に及ぶ。**図1**は、ダイズと米の組み合わせでできる食品を一覧にしたもので、わたしはこれを「米とダイズの百変化《ひゃくへんげ》」と呼んでいる。

アズキもダイズと同じく、東アジア原産とされる。自家受粉するので、自家採種すれば親と同じ性質の子ができる。アズキの品種のなかにはシロアズキと呼ばれる、種皮の色が白いものがある。これはもっぱら「白餡」に使われるもので、希少価値がある。アズキは、よく煮て濾《こ》して餡にされるほか、茹でたアズキを蒸したもち米にあわせて赤飯《せきはん》にする。

ほかにも、和食材としてはインゲンマメ、ソラマメ、エンドウ、ラッカセイ、リョクト

図1　米とダイズの百変化

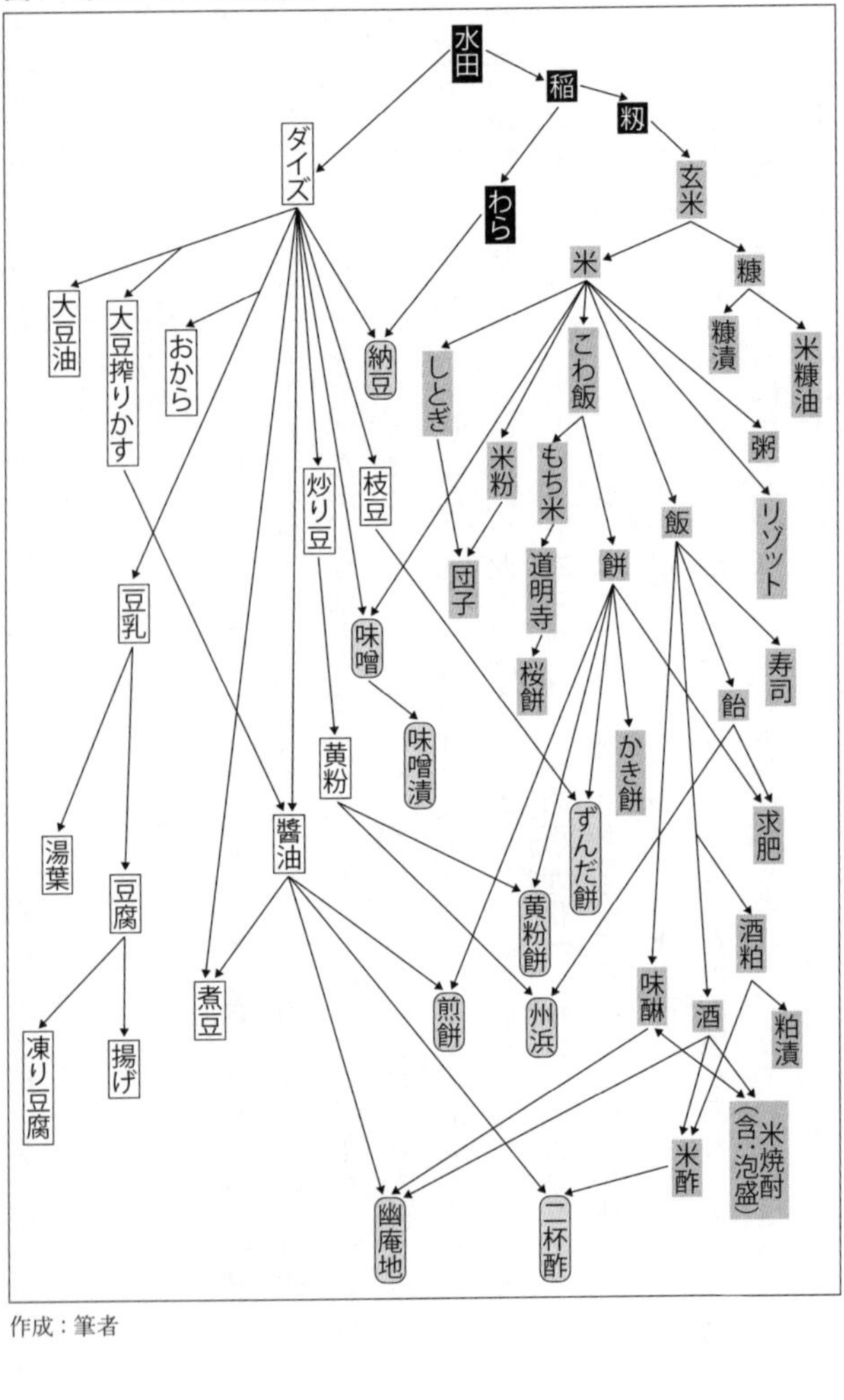

作成：筆者

ウなどがある。インゲンマメ（*Phaseolus vulgaris*）はアメリカ原産で日本には僧隠元がもち込んだので、この名がついたことになっている。煮豆にするキントキマメ、シロアズキの代わりに使われるテボウマメ（手亡）も、この仲間に属する。表面に紫色の斑《ふ》の入る「花豆」は***P. coccineus***という別種に属する。ソラマメ（*Vicia faba*）は西アジア原産とされる。

エンドウ（*Pisum sativum*）も、西アジアから地中海地方が原産らしい。さやが硬くなるタイプと柔らかいタイプがあり、柔らかいものはキヌサヤやスナップエンドウになる。硬くなるタイプの完熟種子は、子実の色が赤くなるものと緑色のものとがある。うち、赤くなるもの（赤エンドウ）は、豆大福の「豆」や、あるいは豆菓子の芯に使われる。なおここでいう豆菓子とは、炒った豆を核として砂糖や州浜《すはま》をコーティングした菓子をいう。

ラッカセイも南米原産で、日本には江戸時代に渡来したらしい。主に炒って塩味をつけた豆菓子に使われるが、一部の地域ではさやのまま茹でて、さやを手で剥いて食べる。

リョクトウは、日本ではそのままではほとんど食用にならないが、もやしの原料としてよく使われている。もやしのなかに黒い小さな豆の種皮が残ったものを見かけるが、それがリョクトウのもやしである。最近は「大豆もやし」のほうをよく見かけるようになった。

このように、和食材として日本で普通に使われているマメ類の、その原産地は世界各地に及んでいる。

四、動物質の食材も豊か

豊かだった野生動物

日本では動物性の食材は、その多くが天然資源である。魚や野鳥などがそれにあたる。つまり品種改良の手が及んでいない食材である。さきほどの穀類、野菜が人間の手により品種改良が加えられてきたのとは、この点で大きく異なる。品種改良の手が及ばないということは、収穫には豊産を祈るしかないということでもある。

畑の作物や飼育する家畜ならば——もちろん豊作を祈ることはするが——、その前提として草をとる、覆いをする、水を温める、世話をするなどの手段を講じることができる。いっぽう天然資源の場合には、むろん講じるべき手段もあるにはあるが、そのウエイトは作物や家畜に比べてずっと小さい。極端な言いかたをすれば、祈るしかない、のである。

それでも、魚種はじつに多様であった。海の魚だけではなく、淡水魚の資源も豊かであった。海の魚についていえば、列島の周辺では北からの寒流と南からの暖流がぶつかり合い、当然にして魚種は豊かになる。加えて、列島の豊かな植生、活発な人間活動により、陸域からのミネラルの供給も豊かだった。

人口が増えると、海に流される廃棄物や排せつ物も増える。それらが流れ込む沿岸部のミネラルは増し、それが海の多様性を増すと考えられる。こうした地の利により、日本列島周辺の海は、世界三大漁場の一つといわれるほどに漁獲の多い海域であった。

淡水魚もまた貴重な食材であった。各地に残る「川魚料理」はその名残である。淡水魚にも地域性があった。北日本では、淡水魚の代表は何といってもサケであった。西日本ではコイ、フナなどが中心であった。また、琵琶湖のような大きな湖水には固有種もいた。陸封された小さな湖水は相互につながりがなく、それら固有種どうしが遺伝子を交換する機会はない。どの湖にも固有種が発達した理由はそこにある。

現代では、ほとんど食べられなくなった野鳥たちもまた重要な食料資源であった。各地の低湿地、干潟などには、秋になると北の土地から渡り鳥がやってくる。それらは里地の人びとにはまたとないタンパク資源であった。野鳥たちは、貴族や武家の時代には狩りの対象でもあった。有力な武家ともなれば、自分の領内に狩場までもっていたほどである。

日本列島にはもともと「四つ足」の食材が少なかった。シカなど大型の植食性の動物は、縄文時代の早い時代に乱獲され、数が減少していた。このことは、例えば青森県の三内丸山遺跡から出土した動物の骨の分析からも明らかだ。彼らを養う植物性の資源に限りがあったのだろう。加えて日本列島には、大陸由来の、大型の群家畜（牛、馬、羊、ヤギ、ラクダなど）もやってこなかった。やってきてはいたのだが、多くは田畠を耕す、荷物を運搬するなどの使役に使われ、食料として定着することはなかった。

東のブタ肉・西の牛肉——明治期以降の食肉

「え!? オーダーしたの、肉じゃがのはずだけど。これ、牛肉じゃないか？」

京都の飲み屋で頼んだ「肉じゃが」を食べた東京生まれ東京育ちの知人の第一声がこれである。何を言っているか、もうおわかりだろう。そう、彼にとって「肉じゃが」の肉はブタ肉でなければならなかった。牛肉を入れた肉じゃがなど、考えたこともなかったのだ。同じく、カレーに入れる肉もブタ肉なのだと彼は言うのだ。

静岡県三島市にある国立遺伝学研究所にいたとき、研究のお手伝いをしてくれた女性のひとりは大阪出身だった。ある日のお茶の時間のとき、カレーに何肉を使うかが話題になった。そのとき彼女はぼそっとこう言った。

「大阪でカレーにブタ肉つこたら（使ったら）、「けち」と言われる」

もちろん東京の人がブタ肉を使うのはけちだからではない。そういう文化なのだ。ただ、大阪や京都ではブタ肉は使わない。それも文化である。ブタ肉のほうが安いから、関西ではカレーにブタ肉を使ったりしようものなら、「けち」と言われると言ったに過ぎない。むろん東日本の人も牛肉は食べる。ステーキといえば東京でもやはりウシだろうし、仙台の人は牛タンが大好きだ。いっぽう関西の人もブタ肉を食べる。大阪でお好み焼きに使われるのはやっぱりブタ肉だ。それでも、「東のブタ肉、西の牛肉」という傾向は統計資料にはっきりと表れている。四七都道府県の県庁所在地に五つの政令市を加えた五二市のうち一位になったのは京都市で、一人年間一〇・一キログラムの牛肉を食べている。二位は奈良市、三位は和歌山市で、消費量はそれぞれ一〇・〇キログラム、九・九キログラムである。

西日本が牛肉の消費量が多いのは歴史的な経緯が関係しているようだ。江戸時代より前、農耕用に、西日本では牛が、いっぽう東日本では馬がよく使われていた。農耕用であるので、明治期以前の江戸時代まで人びとはそれらを食べることはなかった。

明治期以降、肉食が解禁されると、真っ先に牛肉の消費が伸びた。明治天皇が食してみせたのは牛肉であった。外国人が居住していた横浜にもウシがもち込まれた。いっぽう、東のウマは、肉としての歩留まりが悪く、また少産であったため、ブタがその空白を埋めた、というわけだ。ブタは多産で、しかも成育が早く、食肉として適していた。加えてブタは雑食なので、都市部で多量に出る「残飯」の処理にも適していた、というわけだ。こ

図2　県別「肉の消費傾向」

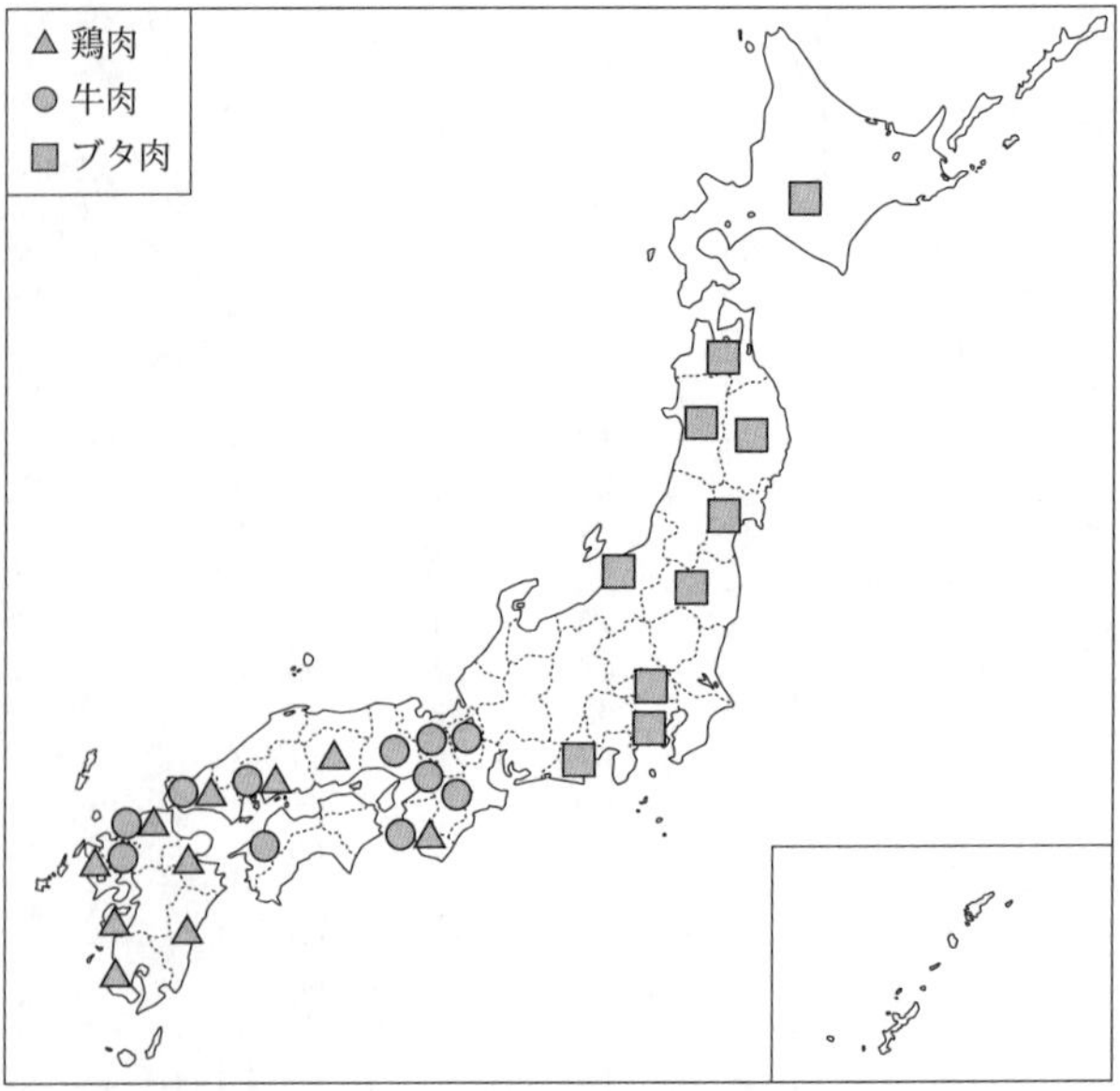

総務省「家計調査」などをもとに筆者作成

うしたわけで、今では「西のウシ、東のブタ」という区分けができたといわれている（図2）。

鶏肉の王国――もう一つの食肉

消費が西日本に偏るもう一つの肉が鶏肉である。統計によると、消費量の一位は山口市で、一人年間消費量は一九キログラムを超える。二位以下は、福岡市、熊本市、広島市、大分市と続く。九州、中国地方の消費が多いことは一目瞭然である。

ただし牛肉とは違い、突出

した生産や消費を誇る地域はなく、第九位の佐賀市でも消費量は一八キログラムある。おそらくは、ウシやブタとは違い、大きな産地や著名なブランドがないことが影響しているのだろう。

九州の生産、消費が多い背景には、江戸時代の福岡藩の鶏飼育奨励策があったようだ。また福岡藩には、一八世紀には卵をあつかう組織や組合があったようで、その流通量はかなりの量にのぼっていたようだ。

江戸時代には、鶏には採卵用とか食肉用の区別はなく、卵を産まなくなった鶏を食肉用に回していた。日本社会が鶏卵を食用にするようになったのはカステラのような南蛮菓子の影響とされ、そうだとすれば九州が砂糖とともに鶏卵を使うようになった最初の土地だとしても不思議はない。

なお、西日本では鶏肉のことを「かしわ」と呼ぶ。鶏肉を売る店の看板も「鶏肉」ではなく「かしわ」と書いてある。発音する場合はアクセントが重要で、真ん中の「し」の字を一番高く（強く）発音する。ただし「かしわ」の語はいまやほぼ死語で、「かつてはそう呼んでいた」といったほうがよいかもしれない。西日本でもそうなのだが、おそらくそれは、「チキン」というカタカナが普及してしまったからではなかろうか。

五、発酵食品のいろいろ

多様な発酵食品

日本列島ではじつにさまざまな発酵食品が発明された。このことも和食の特徴の一つとしてあげられるだろう。発酵食品とは、微生物の働きによって変性した食品で、保存性が飛躍的に高いほか独特の風味をもつ。

発酵の主体の一つは麹菌で、酒、味噌、醬油などの食品がつくられた。麹菌はカビの一種で、もともとは猛毒であるアフラトキシンを出してヒトの健康を害する「病原菌」であった。ところが、なかから毒をつくらない特殊な菌系がみつかり、それを代々引き継いで麹として使ってきた。何しろ微生物のこと、有毒か無毒かは見ただけでは分からない。もし有毒の菌が混ざれば深刻な健康被害を引き起こす。

無毒の菌系だけを維持する技術が古くから確立してきた。一四世紀には麹座という協同組合が京都にはあって、安全な菌を独占販売していた。日本はこのころからバイオ先進国だったのである。麹菌のおおもととなる菌系を維持、販売する事業者は、現在では国内に数社しかないといわれる。この数社が、日本の麹菌の食品を支えているともいえる。

乳酸菌も漬物などの発酵食品に欠かせない重要な微生物である。漬物がすっぱいのは乳酸菌によるものと考えてよい。乳酸菌は野菜の葉の表面などに自生しているもので、その意味では漬物の乳酸菌は土地に固有であるといえる。ただ、最近では菌の育種もはじまっていて、漬物業者のなかには品種改良された菌を使って漬物をつくるところもある。また動物性乳酸菌はヨーグルトなどのほか、ふなずしなど「なれずし」の発酵の主体でもある。こちらも、大手乳業メーカーなどにより菌の育種が進んでいる。

ほかにも、納豆をつくる納豆菌や穀物酢をつくる酢酸菌も重要な役割を果たしてきた。納豆菌は枯草菌と呼ばれる菌の仲間で、これも「どこにでもいる菌」の一つである。金沢大学のグループは、大陸から飛んでくる黄砂の表面に納豆菌がついているのを発見した。ただし日本の納豆とは異なる、糸を引かない納豆をつくる菌であったという。酢をつくる酢酸菌もどこにでもいる菌の一つである。

菌の世界には菌同士の「相性」がある。例えば麹菌と納豆菌は相性が悪い。そして、アルコール発酵する酵母菌と酢酸菌も相性が悪い。相性といっても菌同士の相性ではない。麹菌による発酵の場に納豆菌が入ると、麹がちゃんとできず酒をつくることができない。酒蔵では、各種の菌の混入を嫌うが、なかでも繁殖力の強い納豆菌を最も警戒する。麹菌を扱う業者のなかには納豆を食べないという人もいるくらいだ。

酒蔵がもう一つ嫌うのが造酢に使われる酢酸菌である。米酢をつくる酢酸菌はアルコールを発酵させて酢酸をつくるので、酢酸菌が混入すれば酒が酢になってしまう。昔は、台所などに放置した酒がすっぱくなるなどのトラブルがよく起きていたようだが、それは酢酸菌が混入したからであった。だから、酒蔵は酢酸菌が紛れ込まないよう細心の注意を払う。

もっとも、伝統的な発酵では、菌の種類がきちんと特定できていないものもあるようだ。岐阜県から長野県の各地で、家庭や小さな味噌蔵でつくられる「味噌玉」はダイズの発酵食品で、味噌に類似の食品であるが、発酵の過程で麹菌を添加しない。おそらくは発酵室に昔から棲み着いた菌による発酵と考えられるが、味や風味が微妙に異なることから、同一の菌種によるものではないのかもしれない。

発酵は、微生物学的には微生物による変性をいうが、より広義には生体がもつさまざまな酵素による変性もまた発酵として扱われてきた。例えば、紅茶や中国のプーアール茶は発酵茶と呼ばれている。これらは発酵学的には発酵ではないが、かといって「それは間違い」というのもどうだろう。要は、どう定義するかだからである。

また、くさやや塩辛なども、魚がもつタンパク質分解酵素による変性であるが、この過程でさまざまな微生物が介在し、複雑な反応が起きているともいわれている。食品としてみれば、発酵だけでできる「発酵食品」は意外と少ない。

味噌のいろいろ

発酵食品のなかには、現在「調味料」としての役割を果たしているものも多い。その一つに味噌がある。ダイズと米やオオムギを麹菌で発酵させ、寝かして使う。麹菌のはたらきで、米やオオムギのでんぷんがブドウ糖に変わるので甘みが出る。またダイズのタンパク質がアミノ酸に変わるのでうま味も出る。

味噌は今ではもっぱら調味料として扱われるが、それ自身で独立した食品でもある。今でもそれは「おかず」である。まずは味噌汁。「汁」、あるいは吸い物は和食を構成する重要なもので、洋食のスープとは趣がまったく異なる。中国食の「湯《たん》」ともやや違う。

味噌汁は、戦国時代には戦場でも重宝されていた。サトイモの茎をもとにした「芋がら」でつくった縄や笠のあご紐などに味噌を染みこませておき、戦場ではそれを湯に溶かして食す寸法だ。戦国時代の前からこのような用法があったかどうかはわからないが、さしずめインスタント食品の走りのようなものである。

各地に、「舐め味噌」と呼ばれる食品がある。その一つが「金山寺味噌」だ。味噌に、刻んで日干しにした夏野菜などを混ぜ込んだもので、見方を変えれば野菜の味噌漬けということもできる。味噌は、ほかの食品の保存性を高める媒体でもある。漬けられるものは各種の野菜から肉に至るまでさまざまである。牛肉の味噌漬けは彦根藩（滋賀県）では四〇〇年の歴史をもつ。なにしろ薬として将軍家や御三家に献上されていた歴史をもっているのである。

味噌は醬油と違って大きな生産者が育たなかった。醬油は、江戸時代初期には関西の醬油が廻船問屋の手で江戸に運ばれていた。元禄時代のころには江戸の郊外、今の千葉県野田市などに大手の生産者が現れ、江戸の需要を一手にまかなうようになった。むろん地方はじめ各地に規模の小さな業者が残り、個性的な商品を出し続けてはいるが、量からいえばごく少ない。味噌では、小規模な生産者の割合が今でも多くて、その分、多様な味噌を楽しむことができる。

味噌は大きく、米味噌、麦味噌、豆味噌の三つに分けることができる。それらは副原料に何が使われるかで決まっている。つまり主原料としてのダイズのほかに米を足したか、オオムギを足したか、それともダイズだけでつくったかの違いがこの三者の違いを決めている。豆味噌の分布域は中部地方の一部にほぼ限られる。なかでも、愛知県岡崎市には八丁味噌と呼ばれる豆味噌の産地がある。「八丁」は地名、その場所が家康の本拠地であった岡崎城から八丁（約八〇〇メートル）離れたところにあったことによる。いっぽう麦味噌は、九州から中国地方の一部に多い。米味噌は全国各地にある。ただしダイズと米の割合は製品によりまちまちだ。米がダイズの半分にも満たないものから、逆に米（麹）がダイズより多いものまで、さまざまな種類がある。なかでも京都や大阪のいわゆる「白味噌」では、米の量はダイズの量の二倍に及ぶものがある。その名のとおり色は白く、また甘い。

白味噌は、甘い。甘味《かんみ》である。だから今ではそれは「和菓子」の材料にも使われる。白味噌は「公家の味噌」でもあった。公家の社会では、正月三が日に「はなびら餅」という料理が食べられた。これは、円く延ばした餅のうえにピンク色や薄紫色の菱餅を載せ、さらに白味噌や味噌餡を塗り、甘く煮たゴボウを中心においてこれを軸に二つ折りにしたものである。このスタイルは、もとは「歯固めの儀」という宮中の行事の行事食であったが、明治期以降は茶道裏千家の初釜の菓子に採用された。

先にも書いた味噌玉は、味噌にも似た発酵食品ではあるが、発酵の主体が「添加された麹菌」ではないところに特徴がある。製法は、茹でるか蒸すかしたダイズをよくつぶして丸く固めたものを吊るして干す。この段階で麹菌は添加されないが、常在の菌による発酵が進む。それらの菌は、おそらく蔵に棲みついているのだろう。

漬物の歴史は古い

漬物もまた和食を構成する重要な食品である。その歴史は古く、記録によると、すでに奈良時代にはその痕跡がみえるという。その分、漬物はじつに多様でその定義さえはっきりしないが、ここでは発酵食品としての漬物を取り上げる。

日本の漬物は、漬床などにより、塩漬け、醬油漬け、味噌漬けなど一〇種類に分けられている。これらのうち醬油、味噌などの発酵食品に漬け込んでつくるものを別とすれば、野菜の葉などに常在する乳酸菌により発酵したものが多い。宮尾（二〇〇二）は、その代表的なものとして京都のすぐき漬やしば漬、岐阜県の飛驒赤かぶ漬、長野県のすんき漬をあげている。

また、今は酢に漬け込んでつくる京都の千枚漬なども、もともとは乳酸発酵でつくられた漬物であった。これらは、野菜を塩漬けしたうえで圧力を加えるか、あるいは塩漬けしないものの、圧力を加えて細胞の栄養分を滲出させ乳酸菌の増殖を図ったものである。

乳酸発酵でできた漬物は、使われた野菜の種類が同じでも、産地によって味や風味に随分違いがある。いや、同じ地域の漬物でも、つくり手によって味に違いがある。個人的なことで恐縮だが、わたしはすぐき漬が大好きで毎年相当量を買うが、買う店は決まっている。違う店の商品は味がまったく異なるからだ。それに、同じ店の商品でも、年によって味に違いが出る。

今の時代は品質管理が厳しく、このような状況はとかく敬遠されがちだ。同じ品質のものを大量に製造することが求められる。けれど、そうすることで生産者と消費者のきずなは断ち切られる。製造年による違いはともかく、生産者による違いは、生産者と消費者のきずなを強くする。消費者は「あの店のすぐき漬」が食べたいのであって、どこのだれがつくろうと同じ風味のすぐき漬が食べたいわけではない。

六、さまざまな出汁

コンブのうま味

和食の一つの特徴が出汁の利用にある。出汁とは、食材から、うま味のもとであるアミノ酸や糖類を抽出したもので、おもに煮炊きに使われてきた。使われる食材は、動物性のものから植物性のものまでさまざまである。

植物性のものでは、やはりコンブや干しシイタケが代表的なものだろう。このうちコンブは北日本の沿岸でとれるが、すでに中世末には京、大坂に運ばれ利用されていた。とくに精進料理には欠かせない食材であった。

コンブは採集すると、よく干してからしばらく寝かす。その間に「熟成」が進んでうま味を凝縮させるようだ。そのうま味はグルタミン酸というアミノ酸である。これらのうま味は油脂分のうま味などとは違って脳に直接に伝わらず、じっくりと味わう訓練をしないと物足りないと感じる。子どものころからマヨネーズやケチャップなどの味が濃く舌にまとわりつくような調味料に慣れてしまうと、こうしたうま味を楽しむ機会が失われたままになる。

北海道でとれるコンブは分類学上いくつかの種にまたがる。主力は「マコンブ」を含むマコンブ・グループを形成していて、これにはマコンブ（真昆布。渡島半島周辺）や、京都で好んで使われるリシリコンブ（利尻昆布。利尻島、礼文島付近から日本海側の地域）とオニコンブ（羅臼《らうす》昆布として流通。オホーツク海沿岸の地域）が含まれる。マコンブとはやや遠い位置にあるのがミツイシコンブとナガコンブである。ミツイシコンブは日高昆布として流通する、薄いコンブである。ナガコンブは早煮コンブなどともいわれ、おでん、昆布巻き、佃煮に利用されている。

野菜や魚の出汁

植物やキノコにも、うま味となるアミノ酸はいくばくか含まれるので、それを濃縮させれば強いうま味が得られる。乾物がそれで、よく知られているのが干しシイタケである。これにはグアニル酸が含まれている。トマトも干せば強いうま味を出す。グルタミン酸が多く含まれるからだ。イタリア料理などでドライトマトが使われるのもうなずける。

ほかにも多くの野菜から、その野菜独自のうま味が得られる。動物性タンパク質を使えない精進料理の現場では、ゴボウ、ジャガイモ、ニンジン、カブラなどの主に根菜の皮などを煮て精進出汁といわれる出汁をとることがある。豆ご飯を炊くとき、エンドウマメのさやを入れて炊き込むとマメの香りがひきたつが、それもまた野菜の風味、うま味である。

いっぽう、うま味は動物性の食材からも抽出されてきた。代表的な動物性の出汁といえば、鰹節である。これは、カツオを三枚におろし、その身の部分を背側と腹側に分けた四つの節にしたててから茹でて、いぶす。これにカビをつけてさらに乾燥を進めた「本枯れ節」と呼ばれるものもある。

この鰹節を薄く削ったものが削り節で、湯でうま味を抽出するが、その際の温度、抽出の時間、使う水などにそれぞれの店が工夫を凝らす。うま味のもとは鰹節から出るアミノ酸の一つであるイノシン酸である。東京では、鰹節は単独で使われることが多く、澄んだ、シャープな味がする出汁になる。いっぽう関西では、まずコンブで出汁をとり、そこに鰹節を投入した「合わせ出汁」を使う。こちらは出会いの妙というか、まろやかでおだやかな味がする。

鰹節だけが注目されるけれども、和食ブームが来る前、日本各地にはカツオ以外にももっといろいろな魚の出汁があった。おなじ「節」でも、サバやアジの節もあった。カツオはカツオでも、ソウダガツオ(宗田鰹)でつくられた宗田節がよく使われていた。節以外にも、イワシやアゴ(トビウオ)の煮干しや焼き干しも盛んに使われていた。

これらはむろん今も使われているが、今では序列がつけられていて、鰹節がトップの座にあるかのように扱われている。

なお、出汁という考え方は、伝統的には日本固有の調理法といってよい。むろん、フランスのブイヤベースやイタリアのアクアパッツァのように、魚のうま味を鍋のなかに閉じ込める料理もあるが、出汁は、そのうま味成分だけを「抽出」して使うので日本独自といえるだろう。

第3章　東と西の和食文化

一、料理の東西

すき焼きにタマネギ!?

すき焼きに入れるネギはどんなネギだろうか。東京など関東地方では、例えば下仁田《しもにた》ネギのような根深ネギまたは白ネギと呼ばれるネギが使われるようだ。いっぽう関西では、タマネギを使うところがある。すき焼きにタマネギ、というと関東の人はびっくりするようだ。東京出身のくだんの彼も関西の大学に来てタマネギ入りのすき焼きに出会ってとてもびっくりしたようだ。

「タマネギなんか入れたら、すき焼きにならないじゃないか!」

それから何十年かがたって各地に牛丼のチェーン店ができたときには、

「タマネギ入りのすき焼きなんて、飯抜きの牛丼みたいなもんだな」

と感想を述べた。

京都市内にあるすき焼き店にゆくと、店の人がやってきて鍋奉行をつとめる。鉄鍋を熱して牛脂を溶かし、紫煙が出るほどに焼いたところでザラメを撒き、薄い肉を広げて置く。

間髪を入れずに醬油をかけ、裏表ひっくり返したところで、客の小鉢にとりわける。小鉢には溶き卵が入っている。これを何回か繰り返したところで、タマネギなどの野菜を「焼く」のである。

東京のすき焼きは、あらかじめ準備した「割り下」というスープで具材を煮る。だから、すき「焼き」とはいうものの、そのじつ牛肉の煮込みのようになっている。その後、野菜を加えるのは関西と同じである。割り下は、砂糖、醬油、味醂などを加えた汁のことで、店の味は割り下に現れる。京都のすき焼き店では、店の味は仲居さんの味である。

関西でタマネギを使うのは、それが甘いからだろう。白ネギのなかった地域では、甘みを得るのにタマネギを使った。いっぽう関東には、白い部分の多い白ネギが多い。冬になるとあの部分には糖がジュレのようにたまって甘みを出す。

また、関西では白菜もよく使われるが、これは関西のすき焼きが砂糖と醬油で調味され、東京のように「割り下」を使わないからであろう。白菜は、熱を加えるととくに下部の白い部分から水が出るので、薄まってしまうのではなかろうか。

ところでネギといえば、どのようなネギを思い浮かべるだろうか。緑の部分が多い、いわゆる「葉ネギ」だろうか。それとも、白い部分の多い「白ネギ」だろうか。季節により違う、という答えもあるだろうが、だいたいの傾向でいうと、東日本には白ネギが多く、西日本には葉ネギが多い。それなので、東日本のすき焼きは白ネギを使う。

白ネギと葉ネギは、一つには品種の違いにあるが、もう一つは栽培方法の違いでもある。白ネギが、あのように白い部分が多くなるのは、品種のせいもあるが栽培の過程で根元に土を寄せてゆくからで、陽の当たらない部分だけがあのように白くなるのである。

そして緑色の部分は乾いた寒風にあたり枯れあがったようになって、食べられない。誰も緑の部分は食べないので、枯れた葉がついていようと誰も文句は言わない。いっぽう、緑の部分が多い葉ネギの仲間である九条ネギの系統のなかにも、白ネギのように白い部分が多い太いネギもある。どうもネギの品種は、「白ネギ」対「葉ネギ」のようにはっきりと分化しているわけではなさそうだ。事情は拙著『京都の食文化』をご覧いただこう。

京都市街の北のほうに、賀茂と呼ばれる地区がある。加茂川沿いの地域で、地区の北の端が「上賀茂地区」である。ここには「上賀茂神社」がある。川の西にあるのが西賀茂地区。その西には玄琢《げんたく》、鷹峯《たかがみね》地区がつらなる。これらの地区では冬はとても寒く、市内では雨でも、このあたりでは雪になることがあるくらいだ。

これらの地区でも、ネギは京都伝統の九条ネギなどの葉ネギが栽培されてきた。ところが、これらの地域では冬の寒さに耐えるために土寄せして栽培される。関東の白ネギかと思われるような、白い部分が多く太いネギがつくられてきた。これが一見、「白ネギ」の系統にみえるため「京都にも白ネギがある」との言説が生まれたのだろう。

それらは市内の小さな八百屋さんの店先で、ときどきではあるが見かけることがある。白ネギとは違ってあくまで葉ネギたる九条ネギの系統である。それなので緑の部分も十分においしく食べられる。その名も、「賀茂ネギ」「玄琢ネギ」「鷹峯ネギ」などと呼ばれている。しかし生産量も少ないうえ、しっかりした流通経路もないようで、決まった八百屋さんの店先に、冬の季節にときどき出回る程度である。卸売市場などにはあまり出回らないようだ。

餅は丸い？　それとも四角？

餅を食べる機会もぐんと減ったが、あなたが食べる餅はどのような形をしているだろうか。餅の消費も減っているうえ、必要なときでもスーパーなどで袋入りを買ってくるという人も多いだろうと思う。

だが今でも、餅屋さんが各地に残っている。そのような餅屋さんで売られている餅は、どのような形をしているだろうか。丸い形をしているだろうか。それとも四角いだろうか。前者を丸餅、後者を角餅、あるいは切り餅という。

ここでいう丸餅とは、直径数センチメートルくらい、甲高《こうだか》の円盤形をしていて、搗《つ》きたての時にちぎって手で丸く成型してつくる。できたては球形をしているが、冷める間に自重でつぶれてあのような形になる。神棚などに供える鏡餅も大きさはちがうがつくり方は同じである。

角餅は、搗きたての餅一臼分を、粉をうった「もろぶた」のような浅い木箱に流し込み、四角く成型してつくる。冷めたところでそれを短冊に切り、さらに冷めたところで薄く切る。あるいは、細長い短冊をつくり、固まってから薄く切る。いずれにせよ、角餅とは切ってつくる餅、つまり切り餅である。

日本列島のなかで、丸餅と角餅の分布域はかなりはっきり分かれている。東日本は角餅の地域、そして西日本は丸餅の地域である。ただし、いくつか例外的な地域がある。一つは、北陸から東北にかけて、日本海岸に沿って丸餅の地域が延びていることだ。この地域の北端は山形県の酒田市付近で、ここは北前船《きたまえぶね》の寄港地の一つだったところである。北前船は、行き（南下）にはコンブや米を運び、帰り（北上）には京などのさまざまな物品を運んだ。丸餅の文化も、この流れに沿ってこの地に到達したのだろう。

関西は丸餅の地域であるが、京都市内でも大阪市内でも最近は角餅もよく見かけるようになった。反対に、東京のスーパーに丸餅が売られているのを見たこともある。近ごろでは、餅も大きな工場で大量につくられることが多く、流通が全国規模に広がっているようだ。加えて人の移動も活発で、転勤などで角餅地域と丸餅地域を越えて移動した人も多いのだろう。おもしろいのは、それにもかかわらず、餅の形が今なお地域性をもち続けているところである。

雑煮の東西

人の移動がかつてなかったほどに大規模化し、また大掛かりになった今でも、文化の地域性が完全に崩れ去ったかといえばそうではない。とくに行事やそれにまつわる食には、地域性が色濃く残されている。その代表的なものが雑煮であろうか。

雑煮は、字句どおりに理解すればごった煮、雑多煮であるが、今ではもっぱら正月（または一月七日の人日《じんじつ》の節供）の儀礼の食である。餅や季節の野菜を入れたもので、おそらく今でも日本中の家庭が雑煮で新年を祝う習慣をもっている。その意味では、国民的メニューということになるだろう。

大変興味深いことに、雑煮はじつに多様な内容をもっている。同時に、はっきりとした地域性をもっているのもこの雑煮である（図3）。まず餅の形。これは先に書いたとおりで、「東の角餅、西の丸餅」の傾向が顕著である。

それに加えて、汁の性質にもはっきりとした地域差が認められる。具体的には、近畿地

図3　雑煮の分布域

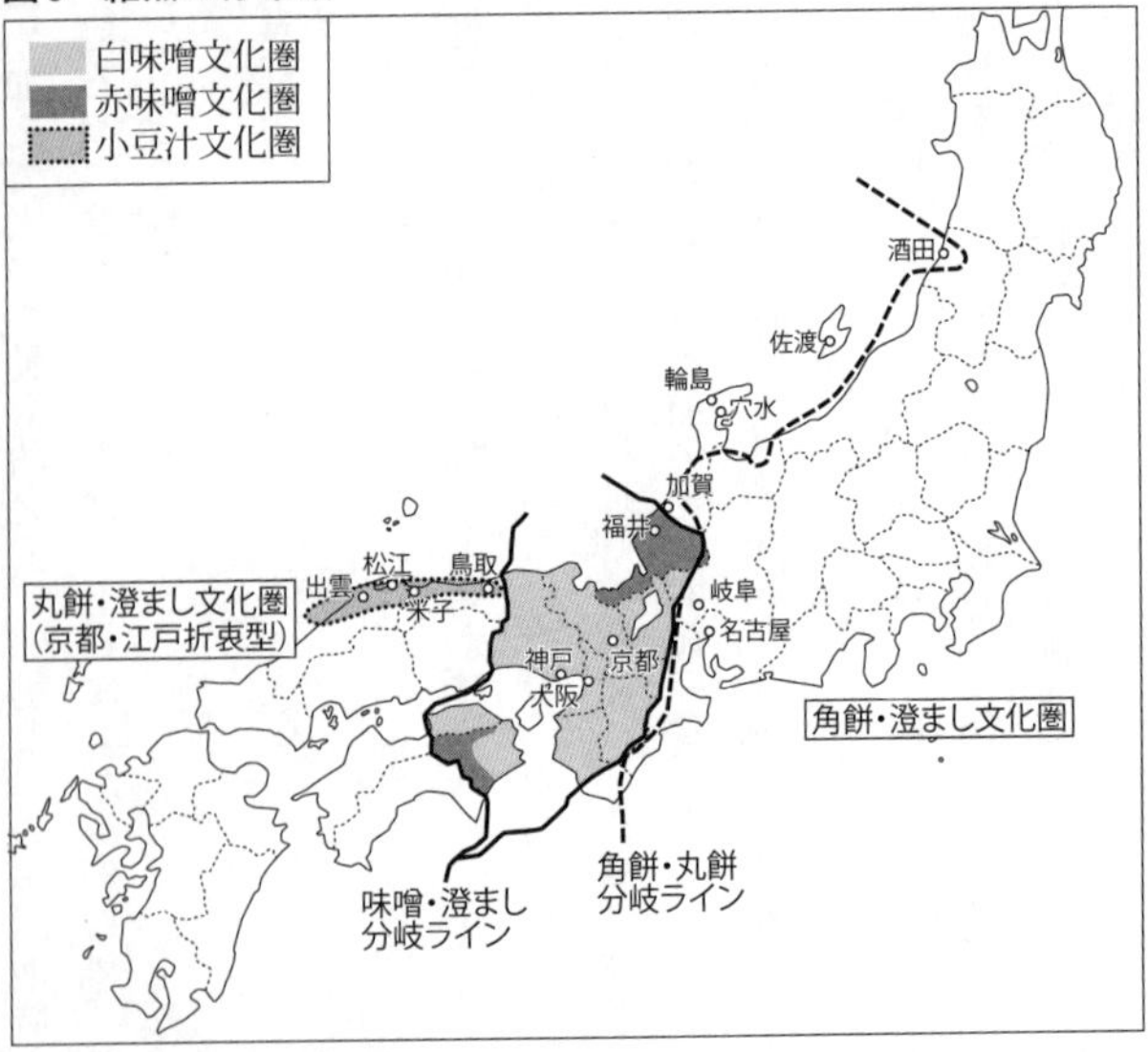

奥村（2002）をもとに筆者作成

方と中国・四国地方の一部で、白味噌仕立ての汁が使われるのに対し、その他の地域では澄まし汁が使われる。なおごく一部では、白味噌でなく赤味噌が使われている。

　餅の形と汁を組み合わせた結果、日本列島には三つの地域ができ上がる。おおむね若狭湾と伊勢湾を結ぶ線の東側が、角餅に澄まし汁仕立ての地域、この線の西側で近畿地方が丸餅に白味噌汁仕立ての地域、そしてさらに西側が丸餅で澄まし汁仕立ての地域である。

　また、角餅の地域では餅は焼

き、椀においてから上から汁をかけるところが多いが、丸餅の地域では餅は湯を通して柔らかくするか、または鍋に直接投じて柔らかくなった餅を使う。後者の方法だともち粉が煮汁に溶け出してどろどろしてくるが、前者ではそのようなことはない。料亭などの雑煮は、前者の方法をとっている。

これに加えて、極めて特異的と思われるのが香川県と徳島県の一部にみられる雑煮である。ここは「丸餅＋白味噌仕立ての汁」の地域ではあるが、餅が餡餅、つまり餡を包んだ丸餅なのだ。わたしも一度食べさせてもらったことがあるが、甘い餡と白味噌は意外にもよく合う。柏餅の味噌餡と同じ原理だと思えば、納得がゆく。

食文化の保守性、あるいは継続性の一面が見てとれる事例だが、白味噌仕立ての雑煮が減ってきた背景には、通婚圏の変化があるように思われる。高度経済成長期の前は、結婚相手は同じ地域の出身者から選ばれることが多かった。集団就職が盛んになり、全国から若者が都市部に集まるようになってからも、「同郷のよしみ」は相手と親しくなる強い動機となった。いきおい、家庭の味は地域性を維持する。

それが、都市人口がますます増え、ラジオやテレビの発達で「標準語」が広まったことで地域性が失われ、結婚相手が異郷の出身者というケースもどんどん増えていった。公団住宅などの普及もあって二世帯同居が減り、雑煮の味は若い主婦の出身地の味になり、地域の固有性が薄まったのだろう。

ウナギの料理法

食の東西を語る際に決まって登場するのが、ウナギのさばき方、調理法である。よく出てくる話題ではあるが、有名な話でもあるので復習しておこう。今の日本では、ウナギは背か腹から開き、ワタと背骨をとって「開き」にする。

ここで、東では背から開き、関西では腹から開く違いがある。一説には、武家の文化の関東では腹から開くのは切腹に通じるといって嫌われるからだ、といわれるが、ほかの魚種は腹開きするのだから、この説明にはあまり説得力がないように思われる。

開いた後は、関東ではいったん素焼きにしたあと蒸してさらに焼くが、西日本では蒸さずに直接焼く。蒲焼きにして食べるところは全国共通である。蒸してから焼くか、または素で焼くか、どちらが好きかは人それぞれだが、その違いは文化の違いである。どちらも、甘辛のたれをつけて焼き上げるが、醤油は、もともとは関西で醸されて江戸に運ばれていたものが、江戸時代の中期になって利根川流域の野田や銚子のものが流通するようになった。江戸でも安価で良質の醤油が手に入るようになったのだ。

味醂もまた、一八世紀末には三河地方で製造されて江戸まで船で運ばれていたようだ。

ただし、そもそも味醂がどこで生まれたかは明らかではない。中国で生まれたとも、日本国内の生まれともいわれ、定説がない状態である。

なお、江戸時代以前には、ウナギは開かず、筒状に切って焼いて食べていたようだ。そもそもウナギの蒲焼きが大流行するのは江戸時代の江戸の街からで、ぶつ切りの食べ方は、欧州の海沿いの国ぐに、例えばオランダなどとも同じという。

ウナギの調理法の東西の境界線がどこにあるかは、しばしば話題に上る。はっきりとした線は引けないであろうが、浜名湖から、愛知県と静岡県の県境付近にあるのではないかともいわれている。

二、粽と柏餅

粽は伝統ある和菓子

柏餅も粽《ちまき》も端午の節供を代表する和菓子で、これらを知らない人はいないだろう。けれど、よく調べてみると二つの分布の範囲ははっきりと違っている（図４）。

図4　粽と柏餅

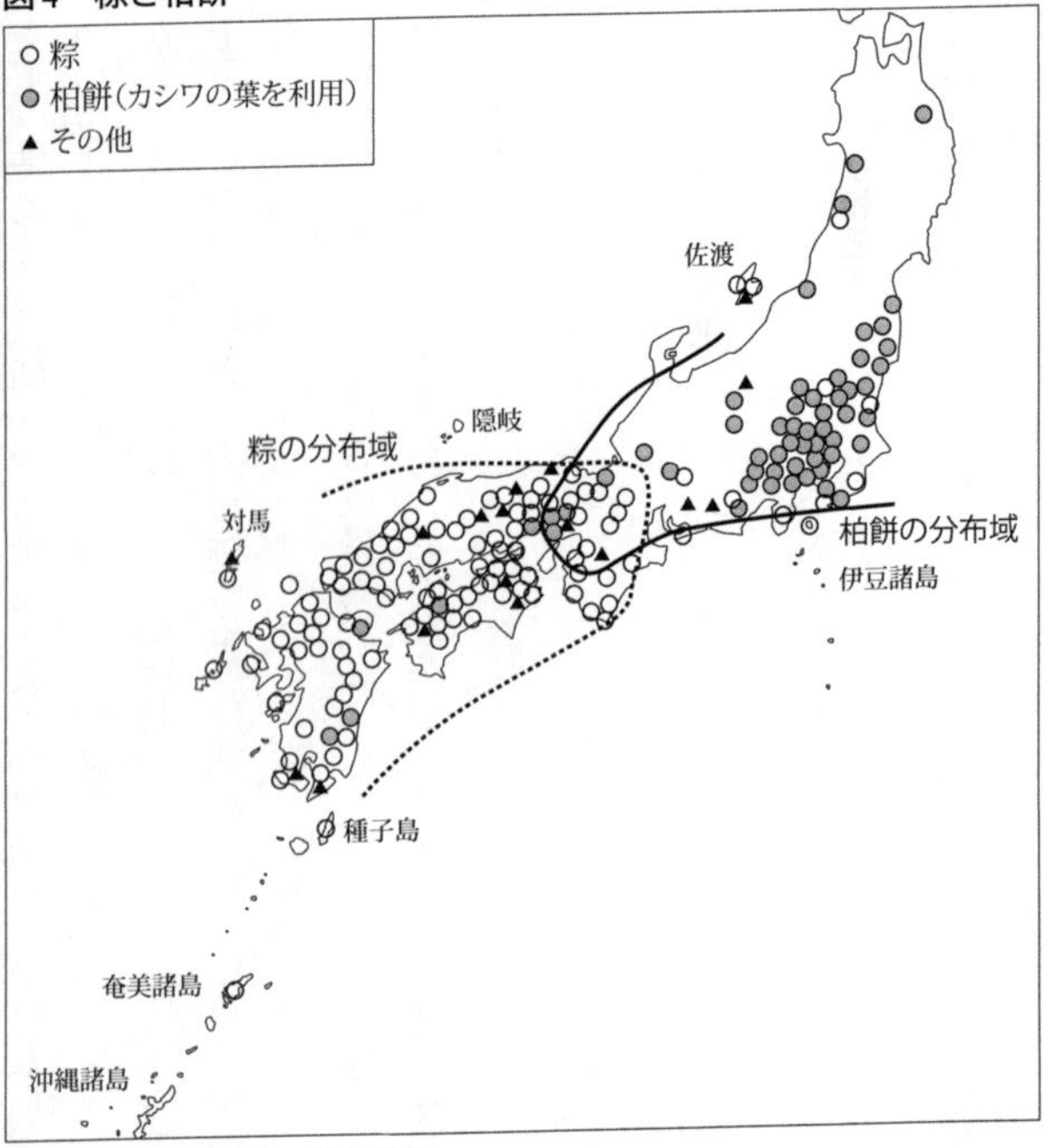

服部ら（2007）をもとに筆者作成

粽は中国の故事に基づいてつくられてきた伝統ある和菓子で、日本では公家から一般社会に広まったのだろう。さまざまなタイプのものが広範囲にわたりつくられ食べられてきた。その分布地域には、はっきりとした特徴が認められる。

多くは、餅や外郎《ういろう》、葛《くず》などを、ササ、ヨシ、マコモ、タケなどイネ科植物の葉で細長く巻いたものである。

南西諸島には、ハナミョウガ属の植物の葉を使うものもある。これらのなかでいちばん多く用いられているのがササで、ササの粽は東北地方から九州までの、主に日本海側の地域に広く分布する。ササ以外の、ススキ、チガヤ、ヨシ、マコモを使ったものは近畿、四国、九州北部に集中する。タケの粽は南九州にだけみられる。

京都は、公家の伝統をもつ街だけに粽が多い。一六世紀前半創業の老舗和菓子店「川端道喜」の粽はなかでも有名で、葛だけのもの（水仙粽と呼ばれる）、葛に羊羹を混ぜ込んだ羊羹粽の二種類をつくっている。

店主の川端知嘉子さんは、添加物は加えず、厳選した食材だけを使って予約された数だけを製造・販売しているという。甘みのために砂糖も加えるが、茹でる段階で余分な砂糖は溶け出してしまうという。粽を巻くササの葉は年々入手が困難になり、やがては粽をつくれなくなるのではないかと危惧している。

粽の分布で興味深いのは、関東から東海にかけて粽の空白地帯がみられることである。ここは武家の文化の地域なので、粽ではなく柏餅が食べられてきた、ということだろう。ただし細かくみると空白地域にも粽がまったくないわけではない。例えば、静岡県の岡部町（今は藤枝市の一部）には、「朝比奈粽」と呼ばれる粽が戦国時代からあったといわれる。藤枝市の「朝比奈ちまき保存会」が復元している。ツバキの樹の灰でつくった灰汁《あくじる》に漬けたもち米でつくるという。また、朝比奈粽の形は、ガマの穂形ではなく正四面体である。灰汁汁は強いアルカリ性を示す。高アルカリの水で米を炊くと糊のような状態になる。じっさい、灰汁汁を使った粽のなかには、米粒の形がほとんど見えなくなり、また黄色く発色したものが多い。朝比奈粽もそうである。

灰汁汁を使った粽は全国各地にある。山形県鶴岡市や酒田市など庄内地域には、やはり灰汁汁に漬けたもち米でつくる粽がある。こちらも四面体のものが中心だが、なかにはササの葉を一〇枚以上使った大型のものもある。

「灰汁巻」と呼ばれる食品が鹿児島にある。こちらもやはり灰汁汁を使うが、巻くのに使われるのはタケの皮である。粽と呼ばれることもあるようだ。

鹿児島の灰汁巻を含め、そのように呼ばれる食品は保存が利くと考えられる。案外、戦地に向かう兵隊の兵糧として使われていたのかもしれない。

柏餅は武家の菓子

端午の節供のもう一つの菓子が柏餅である。柏餅は、カシワ（*Quercus dentata*）の葉で、餡入りの団子を巻いた菓子である。カシワはブナ科コナラ属に属する落葉広葉樹である。落葉樹ではあるが、古い葉は秋に枯れた後も母樹についたままで、翌春に新葉が出てから落葉する。

なぜカシワが使われるか、これという理由はないようだが、一つにはカシワの葉がもつ芳香と、たぶんなんらかの物質による抗菌作用にあるともいわれる。日本をはじめ東・東南アジアには葉で巻く食品がじつに多い。先の粽もそうならば、春先に食される桜餅や道明寺粉でつくった団子を二枚のツバキの葉で挟んだ椿餅もそうである。菓子ではないが、柿の葉寿司のような料理もある。いずれも、芳香、殺菌・除虫効果など、なんらかの物質的な効用をねらってのものであろうか。

粽を公家の菓子とすれば柏餅は武家の菓子である。大変興味深いことに、粽の場合と同様、こちらにも分布の空白地域が認められる。その空白地帯は、東北地方から中部地方の広い範囲にわたっている。粽と柏餅を重ねてみれば、西日本には粽、柏餅双方を食べる地域が多いが、東日本では多くの地域で粽か柏餅のどちらかだけを食べている、といえるだろう。

さて、柏餅であるが、なかに包む餡には、粒餡、漉し餡のほか味噌餡が使われる。粒餡と漉し餡はほぼ全国的に使われるが、味噌餡はやや東日本に偏るようだ。ただし西日本に属する京都には、白味噌の味噌餡の柏餅が普通に売られている。

二〇一九年に廃業した錦市場の「畑野軒」のそれは、白味噌と白餡を水あめで練って炊いた餡であった。餡の種類の区別のためによく使われているのが団子部分の色である。多いのは、漉し餡は白の、粒餡がヨモギ（緑）の、そして味噌餡がピンクの餅を使うところだろうか。

柏餅といえば、多くの人が茹でたカシワの葉で巻いた餅、または団子を連想するだろう。たしかにそれはそうに違いないが、西日本には、カシワの葉の代わりにサルトリイバラ（山帰来《さんきらい》とも呼ばれる）を使うものが広く分布する。

カシワは、いわゆるドングリの仲間であるコナラ属に属する樹木で、その大ぶりの葉がものを包むのに適していたのだろう。いっぽう、サルトリイバラはツル性の草の仲間で、北海道を除く日本のほぼ全土に分布する。

なかの餅（団子）は共通しているのに、その名前が地域によってまったく異なるのは興味深い。

三、器と配置の東西

属人性をもつ器

テレビのドラマなどで、葬式の時、故人の茶碗（飯碗）を割るシーンが出てくるのを見たことがあるだろう。違和感なくそのシーンを見た人もいれば、いっぽうその行為に違和感をもって見た人もいたはずである。

飯碗を割るという行為に意味があるのは、飯碗が個々人に割り当てられているからである。つまり家庭には、お父さんの飯碗、お母さんの飯碗、そして子どもたちそれぞれの飯碗があり、大きさや模様や色で区別されている。

もし誰かが自分の飯碗を使おうものなら、それが家族であっても嫌な気がする。まさに、その人の所有物、強い属人性をもっている。飯碗に限らず湯飲み、箸、椀などの食器に使用者が決まっているとき、それを属人器という。先ほどの飯碗と同様、「お父さんの茶碗」「お母さんの箸」「わたしの湯飲み」といった具合で、家族とはいえ、他者が、自分の器や箸を使うことには大きな抵抗感がある。

いっぽう、地域によっては家族の全員が同じ飯碗、箸、湯飲みなどを使っている家庭もある。こういう家庭では、使われる器はどれも同じ、箸も同じ形と長さで、無地塗りで人数分の二倍の箸が用意されていることが多い。昔の学生食堂の箸みたいなものだ。

属人器の有無や抵抗感を調査した研究がある。聖徳大学の今井悦子は、飯碗、汁椀、箸、湯飲みの四種の食器について、全国六府県（宮城、埼玉、新潟、京都、広島、鹿児島）で属人器の割合と共用あるいは借用への抵抗感を調べている。それによると、専用の割合の高かった食器は箸で、飯碗と湯飲みがこれに続き、汁椀がもっとも低かった。

地域ごとにみると、属人器の割合はどの食器でもごくおおざっぱには西日本三府県、とくに広島県と鹿児島県で低かった。さらに広島県の汁椀では、銘々の汁椀をもつ家庭は一〇パーセントほどしかなかった。このデータだけでは、属人器の比率に東西差があるかどうかはわからないが、一度調べてみる値打ちのあるテーマではなかろうか。

器の種類と数

和食は器にも特徴がある。とくに食器についてはそうである。数も多いし、一個一個の色や形もいろいろである。前項に書いた属人器のようなものもある。日常の食（ケの食）にあっても、飯碗、汁椀、鉢、皿、湯飲みなどが使われる。鉢や皿についても、サイズだけではなく、材質（焼き物か木か金属器か）、形、色、塗りの有無や種類などのバリエーションがある。ちょっと変わったところでは、流し素麵の樋《とい》に青竹を使う、などもこれに含まれよう。

老舗料理屋ともなれば、器にかけるエネルギーは大変なものとなる。小料理屋やちょっとした飲み屋でも、器のストックは相当な量に及ぶ。小鉢ひとつとっても、大きさも形もまちまちで、しかも皿と違って高さもあるので、重ねることも容易ではない。

和食にあっては――とくにハレの日の食に顕著であるが――、植物性の素材を使って飾りつけをすることが多い。多くは季節性の演出に使われる。「かいしき」などとも呼ばれる。

秋ともなれば、紅葉のカエデの葉をあしらう。春には、ウメやサクラのつぼみや花があしらわれる。もっとポピュラーなところでは焼き魚の下に敷くササの葉、七夕のころ、刺身の下に敷くカジノキの葉などもそれに属するだろう。

かいしきに代えて、それ自体が花の形をした器が使われることも多い。春には半切りのタケノコの形をした春用の小鉢、夏にはアサガオの花をかたどったガラスの器、秋にはカエデの葉をかたどった焼き物、冬には木製の蓋と受け皿のついた蒸し茶碗と、季節に応じたさまざまな器が用意される。

器は「見立て」の文化でもある。会席料理に使われる「八寸」は、もとは八寸角（約二四センチメートル四方）の皿で、その上にいくつもの料理を並べる。料理の数は奇数が基本だが、茶懐石のルールを踏襲して、左手前に山のもの、右奥に海のものを置く。つまり八寸の板が海と山の世界を表している。

食器ではないが、葉で巻いた料理もじつに多彩である。春、サクラのころには塩漬けにした桜葉でくるんだ桜餅が出回る。晩春には粽や柏餅が出される。夏には、ハスの葉で包んだ魚などを蒸す料理もある。細い竹筒に詰めた水羊羹は冷やして出されることも多い。

味噌汁は右側？　それとも左奥？

いわゆる和食の膳の基本的なスタイルは、一汁□菜と呼ばれるスタイルで、一椀の汁（味噌汁やお澄まし）といくつかの菜《さい》（おかず）で構成される。□のところには奇数の数字が入る。例えば「三」を入れれば一汁三菜になる。ご飯、お汁のほかに三種のおかずがつく、ということだ。

不思議なことに、汁と菜とはきちんと記されるのに飯については何も記されない。菜に至っては品数までが記載される。汁や菜の中身は変わっても、飯がなくなることはない。いったいなぜ、飯は記されないのか。これについてはさまざまな解釈があるようだが、飯がつくのが当たりまえだからという解釈が、一番説得力があるように思われる。いわずもがな、というところだろう。

さてそこで、飯、汁、菜はどのように置かれるだろうか。テーブルマナーの本などを見ると、ご飯が左の手前、お汁が右の手前、そしてお菜が奥のほうに並べられるのが「正しい」置き方だということになっている。一汁三菜の場合ならば、さいころの「５」の目の位置に料理を置く。つまり、左手前に飯、右手前に汁、左奥と右奥に副菜、そして真ん中に香の物、という具合である。

ところが、である。京都市内のある洋食屋さんに行くと、きまってお汁がご飯の奥に置かれて出てくる。はじめは店のおかみさんが無頓着でたまたまそういう置き方になっているのかと思っていたが、いつ行ってもその置き方になっている。そこで、わたしは思い切って聞いてみた。そうすると、

「うちでは開店以来ずっとこのように置いていていて、変えたことはない。また、このように置くことに文句を言われたこともない」

という返事が返ってきた。

これに興味をもって、他の店でも注意して見たところ、汁を飯の向こう側に置く店は決して珍しくないことがわかってきた。そして、どうも、置き方とくに汁の位置には地域性があるらしいこともわかった。

インターネット上にも、この問題に言及したものがある。Ｊタウンネットという情報サイトの調べによると、「汁を奥に置く」ケースが多いのは近畿地方を中心とする西日本で

多く、とくに京都、大阪、兵庫ではその割合が七〇パーセントを超えたという。わたしの体験も、数字に裏付けられたことになる。いっぽう、東日本の多くの都道県では、汁を右側に置くのが主流であったという。調査した総数は二六三五件であったという。

調査が、統計学的な厳密性をどれほど満たしているかはわからない。ネット上でのアンケートに基づくものなので、偏りなくサンプリングがおこなわれたかどうかもよくわからない。ではあるが、大まかな傾向はつかめると考えれば、やはり西日本では「汁は奥」というケースが多く、反対に東日本では「汁は右」が主流であると言ってもさしつかえないようだ。

第4章　都会と田舎の食

一、都会の料理は米料理

都会に運ばれた米

かつての日本は、米を税としてみなす社会であった。流通の仕方、種類や加工法は時代によって違ったが、米は農村から徴され、国司や地方の行政官のもとに集められ、最終的には都や大都市に運ばれた。

このシステムを最終的に完成させたのが江戸幕府で、米は大坂や江戸の米市場に集められた。国力は米の石高で示された。だから、国（藩）の基本政策として米づくりが奨励された。新田の開発や新田に水を送る灌漑施設の建造、そしてこれら土木工事を支える技術集団の育成と保護などに、幕府も、社会も、知恵を絞ったのである。

米の最終集積地となった江戸や大坂には、秋になると大量の米が集まった。そしてその米は都市で消費された。むろん、酒などの加工品にしたり、あるいは備蓄に回されることもあったに違いないが、大きな流れは、農村でつくられた米が都市で消費される基本構造に変わりはなかった。

すでに江戸時代の初期には、江戸市民たちは一人一日平均五合（約七五〇グラム）の米を消費していたという。カロリーにすれば二七〇〇キロカロリーほどとなる。現代人ならこれだけでカロリー過多になりそうな分量である。

むろん、そのなかには、酒、味噌などの加工食品に回された分も含まれているだろうが、それにしても、都市が米の消費地であることに変わりはない。

京都でも、幕末には一般市民も一日三合（約四五〇グラム）ほどの米を消費していたらしい。カロリーに直せば一六二〇キロカロリーほど。江戸の二七〇〇キロカロリーに比べればまだ少ないが、それでもかなりの量である。記録は市内の一商家のものではあるが、この店では店主から従業員まで同じものを食べていたというので、おそらくは京都の一般市民の暮らしぶりを反映しているとみてよいであろう。

江戸や大坂に来る米は、よいところを選りすぐったものだった。というのも、江戸時代には、藩が米を年貢として徴し、藩内の消費分を除いて江戸や大坂で売却、その売却益で藩の財政をまかなった。だから藩としては分量だけでなく、高値で売れるいい米を売却に充てる必要があった。「〇〇藩の米はよい」と評価されれば単価も上がり、藩の収益は増す。反対に「あの藩の米はどうも……」という評価が下れば藩の収益は悪化する。

白い飯とかて飯

ここまでの話は、江戸や大坂、京など、大都市の市民たちの米食についてであった。要約すれば、江戸時代初期には大都市民たちは庶民も含めて、「白い飯」を食べていたことになる。では、地方ではどうだったのだろうか。

地方には、都市部とは違い、何を食べていたかなどの記録はあまり残されていない。ただ、江戸や大坂、京などの大都市によい米をもっていかれたために、地方には品質の悪い米ばかりが残ったことは容易に想像がつく。量も十分ではなく、飯は、何かを混ぜて食べる「かて飯」が中心であった。混ぜるものは、ダイコンやカブなどの野菜、オオムギ、サツマイモ、サトイモなどいろいろであった。

混ぜ物の種類と量は地域によって異なった。東・北日本では、米は平地部でさえ、安定的にとることができなかった。イザベラ・バードの記録によれば、当時の東北山間部の人びとの主食は、米かアワであったようだ。東北地方の山間部では、米が入るだけまし、といったような、混ぜ物だらけのかて飯が食べられていたのだろう。

江戸時代の中ごろになると、西日本ではサツマイモの栽培が盛んになる。かて飯の混ぜ物にはサツマイモがよく使われた。その影響は、二〇世紀後半の、高度成長期ころまで残ったのである。

今に残る東日本のかて飯のいくつかの例を、農林水産省のサイト「うちの郷土料理」から引いてみよう。埼玉県では、「北部の給食で提供される「かてめし」は酢飯に地域の食材を混ぜ、さいたま市などの南部では、ご飯や薄茶飯に里芋の茎を乾燥させた「ずいき」を使った具を混ぜ込む。秩父地方でも、ご飯に「ずいき」を入れるのが定番」という。また、神奈川県の相模原市では、「白飯と煮付けた野菜を混ぜ合わせた混ぜご飯」がかて飯だという。「かつて、相模原には火山灰に覆われたやせた土地が多く、米よりもさつまいもや小麦が多く栽培されていた。貴重な米をかさ増しするため、大根や芋などの野菜を入れた料理が「かて飯」である」、というわけだ。

このように、同じ日本のなかでも、都市と農村では食べられていた米の「質」が大きく違った。そして同じ農村でも、西日本と、そもそも米の産地ではなかった東日本ではまったく異なったのである。

焼酎と味醂

日本には清酒以外にもいろいろな酒がある。米焼酎、味醂などの酒である。焼酎は蒸留酒で、麴と酵母菌でつくった醸造酒を蒸留してつくられる。もとの原料には、米のほか、サツマイモ、ソバ、オオムギ、ちょっと変わったところではクリなどが使われている。それぞれ、「芋焼酎」「蕎麦焼酎」「麦焼酎」「栗焼酎」のように呼ばれてきた。どれも、九州はじめ西南日本が主産地である。蒸留してつくられるのでアルコール度数は清酒などより高く、だいたい二五パーセント程度である。

米の焼酎は九州でつくられるほか、沖縄の泡盛も米焼酎にあたる酒である。泡盛のアルコール度数は三〇から四〇パーセントを少し超える程度の範囲にある。ほかの焼酎よりはやや高く、ウイスキーよりはやや低い。

おそらくは琉球に入った泡盛の製法が、九州に伝わって米焼酎になったと考えられる。その意味では、泡盛が日本の焼酎の始まりといってもよい。なお、泡盛についてはのちに詳しく書くことにしたい。

味醂は少し変わった酒である。清酒と違い、主原料にはもち米が使われる。その分、甘い。まず、うるち米を使って米麴をつくり、これを蒸したもち米、米焼酎とよく混ぜる。しばらく置いたのちに搾り、さらに熟成させてつくる。アルコール度数は清酒に比べてそれほど低いわけではないが、甘い分だけ飲みやすい。それで、江戸時代ころは下戸の飲み物ということになっていたようだ。

味醂の起源ははっきりしないようだが、おそらく室町時代の後期のことだろうという。

甘いので、当初は嗜好品として飲まれていた。あるいは薬酒として、これにさまざまな薬草などを溶かしこんで使われてきた。正月の屠蘇《とそ》酒に味醂が使われるのはその名残だろう。江戸時代の後期になると、味醂は料理用に使われるようになった。とくに江戸のウナギの蒲焼きのたれ、そばつゆなどに好んで使われた。甘辛の味付けが広まったのは味醂の普及以来のものであるといえる。

味醂を搾った後の粕は、「味醂粕」として使われてきた。京都の四条通の一本南、綾小路通ぞいに、「田中長」という粕漬屋があるが、ここの酒粕は清酒の酒粕ではなく、味醂粕である。粕漬けといってもピンとこない人も多いだろうが、「奈良漬」がその代表である。「奈良漬」とは、奈良を特産地とする粕漬けのことで、老舗が何軒もある。塩漬けにしたウリを味醂粕に幾度も漬け直してつくるもので、漬物のなかでも古漬けの代表のようなものである。

米品種にみられる「東西」

本書の冒頭に、「和」の語がもつ規範意識について述べた。柳田国男などの、いわば「水田中心史観」ともいうべき、日本文化を水田稲作単一の文化としてみる見方もこれに支えられてきた。

けれど現実には、水田稲作の文化は決して一枚岩ではない。米の品種一つとってみても東日本の米と西日本の米とはかなりの違いがある。その違いは、江戸時代にはとっくに顕在化していた。江戸の米市場の米粒は、大坂の堂島市場のそれに比べると一〇パーセントも小さかったという。さまざまな情報を総合して考えれば、今のコシヒカリと同じかよりやや小さめ、玄米一粒の重さで二一から二二ミリグラム程度ではなかったかと考えられる。ちなみに、今のコシヒカリは二二ミリグラム程度である。

米粒の大きさは品種によってかなりの違いがある。そして同じ品種の米ならば栽培環境を変えてもそれほど大きく変動しない。カエルの子はカエル、コシヒカリの子はコシヒカリ、というところだろうか。

いくつもの地域からもち込まれる米の粒の大きさはいろいろであっただろう。食味や歯ごたえにも違いがあったことだろう。当然、マーケットはその違いに敏感に反応したはずだ。

幕末の伊勢・菰野《こもの》の米であった「関取」は、やや小粒で握り寿司に好まれる品種であったといわれる。関取は、江戸の街では高値で取引されたという。この時代、米は藩の管理下にあり、その一部は江戸の藩邸に運ばれて、そこから米市場に売りに出された。藩の現金収入の少なくない部分がこのようにして得られた。

なぜ大坂市場の米は大粒になったのか。まだ、わたしが大学院生であったころ、オオムギ遺伝学の大家であった故高橋隆平さん（一九一〇～九九）からこんな話を聞いたことがある。彼のおじいさんは、京都の福知山で米を商っていて、子どものころから米の流通の話はよく聞かされた。そして市場では、「大粒の米は高値で取引されたが、小粒の米はよく買いたたかれていた」というような話を、しばしば聞いたとのことだった。

大坂市場の米が大粒だったという先の話を裏付ける話である。そして、米粒の大きさに対する嗜好性は、じつは市場が決めていたこともよくわかる。

酒造用の米

二五ミリグラムの米といえば、今の日本の米ではいわゆる酒米（酒造好適米と呼ばれる）、つまり清酒用の米（二五から二六ミリグラム程度）か、それより少し小さい程度だ。なお日本を代表する酒米である「山田錦」は特別大粒でだいたい二八ミリグラム程度、とされる。

さて、酒に醸す米、酒米は米粒が大きいのが特徴である。大きな米粒には、その中心部分に空気の層が入ることがしばしばあり、外見的には中心部分が白く濁って見える。これを心白《しんぱく》というが、心白の入った米は飯用には好まれず、そのためもあって飯米は比較的小粒の米が使われる。いっぽう酒米では麹菌が米粒の中心にまで速やかに入り込むほうがよ

図5　酒米の系譜

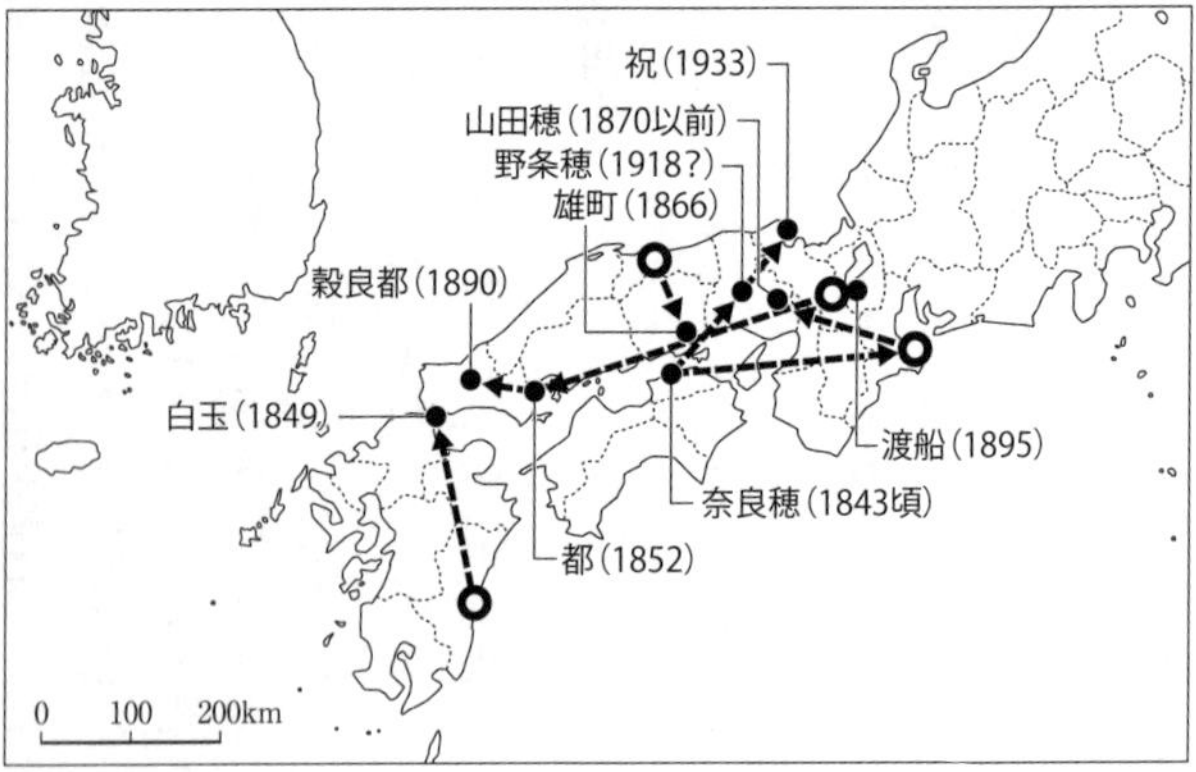

佐藤（2019）より

く、心白の性質はうってつけだ。加えて酒米は米粒の外側を削り取って中心部分だけを使うから、小さい米粒では歩留まりが悪くなってしまう。

酒米はどこで生まれ、どこで栽培されるようになったのだろうか。じつは、酒造に特化した品種が登場するのは二〇世紀に入ってからのことで、それまではご飯に炊く米と酒造用の米とはとくに区別はされていなかった。例外は大唐米と呼ばれた赤米の品種で、これは食味が日本人の好みに合わないことから用途がほぼ酒造用に限られていたようだ。

現在、酒米といえば西日本を中心に広まる「山田錦」と東の「五百万石」がその代表格である。どちらも人工交配でできた品種だが、それらの系譜をたどるとおもしろいことがわかっ

図6　山田錦と五百万石

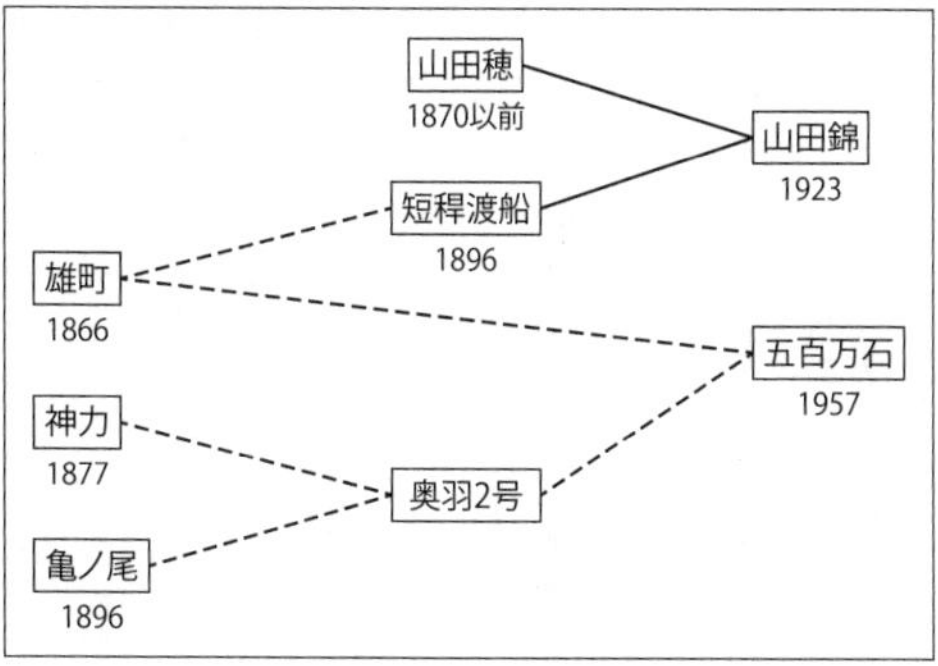

作成：筆者

てくる。まず、「五百万石」は、「雄町」「神力」「亀の尾」などの血をひいている。これらの品種のうち「神力」「亀の尾」は「コシヒカリ」「つや姫」など、飯米品種の親に繰り返し使われてきた。「五百万石」は、飯米と縁の近い品種といってよさそうだ。いっぽう「山田錦」は、「山田穂」「雄町」などの血をひいているが、どちらも飯米の改良には使われていない。「山田錦」は酒造に特化した品種だといえる（図5）

「雄町」と「山田穂」の来歴をたどってみよう。

「雄町」は、岡山市雄町（当時は上道郡高島村）の岸本甚造という人が、一八六六年に伯耆大山への「大山詣で」の帰途みつけた稲穂に由来するという。

「山田穂」の由来には諸説あるが、今の兵庫県、あるいは大阪府北部で栽培されていた在来の品種から選抜されたものという説、あるいはかつての兵庫県美嚢《みのう》郡吉川《よかわ》町（現 三木市）の田中新三郎という人が伊勢詣での帰途、伊勢山田付近の田からもち帰ったもの、という説がある。

ほかにも、酒米品種として、「亀ノ尾」（山形県、一八九六年）、「穀良都《こくりょうみやこ》」（山口県、一八九〇年）、「白玉《しらたま》」（福岡県、一八四九年）、「祝《いわい》」（京都府、一九三三年）、「野条穂《のじょうほ》」（兵庫県、一九一八年?）などが、一部の熱心な愛好家によって今も栽培され、酒に醸されている。そして「亀ノ尾」を除く多くが西日本で育成されており、しかもその多くが、「〇〇詣で」「〇〇参り」などの宗教活動に伴うものであるところが興味深い（図6）。

二、農村を育てた都会

農業を育てたのは都市民である

江戸時代に入ると、江戸や、京、大坂など大都市の近郊には野菜の生産基地ができた。大都市の市民たちは、自分たちが食べるものを、自分たちの労働でまかなうことのできない人びとでもある。

とうぜん彼らの食料は、都市の外側で生産されることになるが、穀類と違い野菜などは長時間の輸送には耐えられなかった。そこで、野菜生産基地が大都市の近郊に発達することになる。江戸時代の日本は社会も安定したので大きな都市も発達し、それを取り巻くように野菜生産地が次々とできていった。

そこで盛んに生産された野菜がその後、その土地の名産品となって今に伝わっている。東京の練馬ダイコンやコマツナ、京都の九条ネギ、賀茂ナス、大阪の守口ダイコン、天王寺カブラなどがその代表である。

これらの例で、練馬、九条などの名前はすべて地名である。コマツナの小松は今の江戸川区小松川あたりである。これらの土地は現在、どこも市街地になっていて当時の面影はない。近代以降、都市はそれだけ膨張したわけだが、それによって食料生産地はさらに外側に延びてゆく。やがては都心への運送が鉄道やトラックなどの手段によるようになってゆく。こうした交通手段がなかった時期、野菜を運ぶ主な手段として振売りなどと呼ばれる行商が盛んであった。

振売りとは、生産者（農家）が自分の生産物を消費者のいる市街地に自ら運びそこで販売する業態である。生産の規模が拡大すると、あるいは交通量が増えてくると維持が困難になるが、それでも、地方地域には旧態の振売りが残っているところがある。

京都もそのような街の一つで、一九八〇年代ころまでは野菜農家のおかみさんたちが天秤棒を携え、またある場合は、大八車を引いて野菜を売り歩いていた。おかみさんたちの農家は、近いところでは北区の賀茂（今の市役所まで約四キロメートル）や玄琢（約五キロメートル）、左京区の岩倉（約七キロメートル）などであったが、より遠い大原（約一三キロメートル）からも来ていた。花売りの「大原女《おはらめ》」などは今も言葉として残っているほどで、当時は振売りの隆盛を極めた。今も市内のあちらこちらで、近郊の農家が野菜などを軽トラに積んで売りに来るのを見ることがあるが、かれらのなかには向日市《むこうし》などの市外から来ている人もいる。

振売りは、生産者と消費者が直接の関係をもつことができる。生産者は消費者の求めるものを直接聞くことができ、また消費者は生産者の顔を知ることで安心を担保できる利点がある。振売りは都市の市街地が大きすぎると成り立たない業態ではあるが、今後は都市内の緑地の活用などが広まれば、東京などでも復活する可能性がある。

排せつ物を売れ！　循環する資源

野菜は肥料を食う。今の時代ならば化学肥料がふんだんに使えるが、二〇世紀に入るまでは肥料の入手はそれ自体が大仕事だった。共有地で草を刈ってそれを刈り敷きにしたり、家畜や人間の排せつ物を発酵させて使ったりと、とにかく手間のかかる作業であった。

そうしたなかで、人間の排せつ物は「栄養価」が高く、江戸時代の江戸でも上方でも高値で売り買いされていた。なにしろ「金肥」という語があったほどである。つまり、排せつ物は資源として流通していた。

江戸では、排せつ物は野菜を江戸に運んでくる農民によりもち帰られた。また、これを専用に運ぶ船もあって、排せつ物取引が一つの産業になっていたことがわかる。大坂にも、排せつ物を専門に取引する業者がいた。彼らもまた、そのための専用船を運航していた。京でも、二〇万市民の排せつ物は高瀬川から淀川を介して周辺の農村に運ばれた。さらに北部の野菜生産の拠点である大原にも運ばれたようだ。

排せつ物はしばらく発酵させ、微生物による分解を経ないと肥料としては使えない。それに何より、排せつ物は病原菌の巣である。その取り扱いは、専門的知識と技を必要とする。排せつ物を溜めておくいわゆる「野壺」も、各地に置かれていたようだ。

いっぽう都市では、排せつ物の処理が行政の悩みのタネだった。なにしろ、人の住むところでは放っておいても日々溜まってゆく。しかも衛生上の問題があって取り扱いはやっかいだ。悪臭もする。都市問題の要諦は、排せつ物の処理にあるといってもよいくらいだ。その厄介者が資源になるというのだから、排せつ物の売買は一石二鳥の妙手だった。まさに、そこでは資源循環がおこなわれていたのである。

変わりつつある「田舎」――淡路の国の過去と今

過去における農村の食は、都会の食に比べてわかっていないことが多い。記録が残されていないからである。ただ、断片的に残る記録をみても、農村を含む田舎の食は一般的にはたいへんに貧しかった。特に東北日本では、あいつぐ飢饉などもあり悲惨を極めた。イザベラ・バードの『日本奥地紀行』にもそのようすがよくみえる。

現代にあっても、田舎の食が貧しい構造に大きな変化はない。食材の生産基地なのだから、田舎は優位に立ってよいはずなのに、そうはならなかった。食が、単に食材だけで語り切れないことが、こういうところにも表れている。

そうしたなかにあって、「田舎」を誇る新たな動きも出始めている。かつて朝廷に食材を提供してきた御食国《みけつくに》。若狭、志摩、淡路の三つの国である。いずれも都から近く、海の幸、山の幸に富む。

なかでも淡路の国は、「国生み神話」に登場する八島のトップ、つまり日本で初めて生まれた島であると神話は語る。いっぽう、面積五九二平方キロメートルに達する大きな島でありながら鉄道は通らず、関西圏に近いところに位置しながら最近まで注目を集めることはあまりなかった。典型的な「田舎」だったのである。

ところが、一九八五年に四国側とつながる大鳴門橋が、さらに一九九八年に本州側とつながる明石海峡大橋が完成して、三本目の本四連絡道路としての機能が整備されたのを機に、観光地として脚光を浴びるようになった。

それに歩調を合わせるかのように島は現在、官民一体となって自らのブランド化を目指している。食の分野では、行政が中心になって「食のブランド「淡路島」推進協議会」をつくり、島をあげてさまざまな活動を展開している。

そして人材派遣の大手「パソナ」グループが、二〇〇八年に本社機能の一部を淡路島に移転させると発表して話題を呼んだ。パソナは、島の各地に直営のレストランを開くなどの事業を始めた。また地域の農家と連携してレストランなどでその産物を使うなどの取り組みを進め、地産地消のサイクルを活性化させている。

この動きが功を奏し、元気な農家が次々と誕生しつつある。わたしもこの地に足を運び、採れたての畑の野菜を味わう機会に恵まれたが、野菜は鮮度が命であることをひしひしと感じた。野菜のうまさはその土地の食の豊かさに直結する。また、地域野菜のようなブランドの創出にもつながるだろう。

しかし、生鮮食料品はどんなブランド品であろうとも、鮮度を失えばその価値はない。高級ブランドを大都市に運べば、その分輸送に時間がかかり、鮮度は失われる。今では輸送の技術の進歩で鮮度は比較的長く保たれるとはいえ、おのずと限界がある。鮮度を保ちながら生鮮食品を長距離輸送する技術の開発は、「不老不死」薬の開発にも等しい。ある意味無謀な発想のようにわたしには思われる。鮮度が売りの超高級のブランド野菜を下手に運んでしまえば、その価値は失われてしまう。

地産地消の機運の高まりにつれ、生産者の側にも意識の変化がみられるという。自分たちの生産物がもつ価値を、生産者らが発見しつつあるのだ。今や田舎は価値創造の場たり得るのである。

むろん、田舎のなかには自らの価値を見いだせないでいるところもたくさんある。「そんなうまくいくわけがない」と思っている田舎の人も多いに相違ない。なるほど、そんなにうまくゆくとは限らないであろうが、ダメもとでよいので何かの挑戦をしてくだされば と思う。

第5章　江戸と上方——都市部の食

一、江戸の食はファストフード

江戸市民と単身赴任者

江戸の街は、家康がつくった街である。城や街、それにそれらを支えるインフラの整備が急激に進められた。当然にして、それらの工事にあたる人びとの住む街であった。それだけの人口を支える物資を通わせる職人や商人が住む場所でもあった。なにより江戸の街は武家の街であった。将軍を頂点とする武士の数は、江戸時代の末期には江戸の全人口の七割に達したという。

武士にせよ職人にせよ、これらの職業は男のそれであった。だから江戸の街には女より男のほうが多かった。一説には、江戸市民の七〇パーセントは男性であったとさえ言われている。そしてその多くは単身者であった。食事も、家族で食卓を囲むというのでなく、外での食事、なかでももっとも簡便な屋台で簡単に済ませる食のスタイルがふつうだった。これは職人に限ったことではなく、下級武士にもあてはまることであったと、青木直己は次の著書に書いている。

『幕末単身赴任 下級武士の食日記』（ちくま文庫、二〇一六）は、幕末の紀州藩士酒井の日記をもとに、江戸時代末期の下級武士や庶民の暮らしを紹介したものだ。下級武士だった彼は二八歳の時、家族を置いて江戸に出向する。和歌山の街を出て大坂を経由し、東海道を下って江戸についてからの日々の暮らしが日記の形で書き留められている。

酒井は食べることが好きであったようで、いつ何を食べたかが詳しく書き残されていて、庶民や下級武士の食生活の様子が手に取るようにわかる。それによると、下級武士は、家で飯を炊くことはあったものの外食が多く、今でいうでき合いの料理を買ってきて食べることも多かった。ただし今に比べて衛生状態は良くなかったようで、幾度か食中毒と思われる目にもあっている。

江戸の街は火事が多く、大火災の直後には焼け跡に屋台が集まったといわれる。とくに、明和の大火（一七七二年）の直後には、幕府が大規模な防火帯をつくったこともあり、そこに多くの屋台が集まったようだ。そんなこともあってか、酒井が立ち寄った飲食店のいくつかは屋台、またはそれに近いと思われる形態をとっている。

火災が頻発した江戸のような街では、重厚な店《たな》より小型の、あるいは簡単に移動できる店のほうがより適応的だといえる。なにしろ、大きな資本をかけて立派な店を建てても、火事で失われればおしまいである。仮に火災保険があったところで、店の再興には年単位の時間が必要である。

それに、大火災が起きれば、焼け出された人びとや工事のための労働者の食を誰かがまかなわなければならない。屋台のような移動可能な形態が便利である。屋台という食の場が広まったのも、災害の街、江戸の食の特徴であろう。

また火災が頻発することで、再建工事の必要が生じた。工事を請け負う職人が求められた。江戸の街の人口構造が、男性が中心、職人が中心のまま推移したことには、このような事情が関係していたように考えられる。

「天ぷら」はご法度だったが

火災が多かったのは江戸の街に限ったことではない。火災は、大都市のいわば宿命のようなものであった。そして、いったん起きれば街を破滅に追いこむかもしれない、きわめて危険な災害の一つであった。なにしろ、「灰燼に帰する」という言葉があるくらいである。とくに日本家屋は木と竹と紙でできているといわれるくらい、燃えやすいもののかたまりである。江戸幕府は庶民の炊事を制限した。なかでも「天ぷら」はご法度であったという。天ぷらによる失火は、今なお家庭から発生する火災の主要な原因である。

しかし天ぷらは、食の安全上すぐれた食品である。なにしろ高温で処理するわけだから、病原菌や寄生虫などは死滅してしまう。冷蔵庫などなかった時代の江戸という大都市の外食産業にとって、衛生管理は大きな課題であったはずだ。しかも、いそがしく気ぜわしい江戸っ子にとって、天ぷらはまたとないファストフードであった。

天ぷらは、主に屋台で提供されていた食品である。むろん、屋台ではない固定型の店舗もあっただろうけれども、江戸の屋台では、多くの店で串に刺して揚げたものを客に出していたようだ。これなら、手づかみでも食べることができよう。

当然のことながら、揚げ物には油が要る。油の中心は菜種油だったようで、天ぷらの隆盛が、菜の花やそれから採れる油の増産につながっていったのではないかと思われる。この、天ぷらの隆盛が、明治時代に入ってからのいわゆる「洋食」に使われる揚げ物料理へとつながっていったのだろう。

天ぷらといえば、家康がタイの天ぷらを好んだといわれている。家康がこれを最初に食べたとされるのが田中城。今の静岡県藤枝市にその城あとが残されている。家康は田中城を拠点にしばしば鷹狩をしたという。

これは「すり身」のような天ぷらであったといわれる。そして、使われた油は、「カヤの油」だったようだ。カヤはイチイ科の針葉樹で、その実を搾って油をとる。油は薄黄色をしている。今でも鹿児島県や高知県に業者がある。超高級品だが、独特の香りとあっさりした質感のある油である。

丼、ぶっかけ飯、握り寿司

確かに米は和食の要《かなめ》であり、「たった一つの和食」の具現者である。米の高みは一つでなければならない。そう考えても無理はない。だが江戸と上方では、飯の炊き方や、あるいは米の品種自体に違いがあった。米に対する考え方さえ、違っていた。

江戸時代には、江戸などの大都市は米の集積地であった。江戸や大坂には米市場ができ（大坂は堂島市場）、各藩の農村でつくられた米が城下に集められ、さらに江戸や大坂の藩屋敷に送られて市場で換金された。

多くの米が大都市で消費された。おそらく先に述べた、天ぷらなどのファストフードは米と組み合わされ、新たな米食文化を生み出していったのだろう。

また同じころに江戸には「蒲焼き」を飯の上に載せた「重」や「丼もの」が登場した。天丼（重）、鰻丼（重）がそれである。一八三〇年ころには江戸市中に出回っていたとされる。重や丼にすれば、飯碗と菜の皿両方を用意する手間が省ける。注文してすぐに料理が出され、それをさっさとかき込めば食事は済む。せっかちな江戸っ子にはぴったりのスタイルだったのだろう。

いっぽうこうした料理の出現は、おそらく、米に対する人びとの考え方を規定した。日本社会では、とくに江戸時代には、白い米に対する強い憧れがあった。この憧れは昭和の中ごろまで多くの日本人の心を支配していた。

白いご飯を、おかずのお汁で汚して叱られた経験をもつ年配の方もきっとおられるだろう。白い飯の上に何かを載せることは、「行儀の悪い」行為として嫌われた。丼ものは、その意味で行儀の悪い食べ方だ。江戸の庶民には、「白い米信仰」はなかったのだろう。この仮説を支持するかのような料理の一つに「深川めし」と呼ばれるあさり汁のぶっかけ飯がある。あるいは、ウナギの蒲焼きを売る店が「つけ飯」、つまり丼ものを出したのも、このことと軌を一にしている。

江戸は、今の東京湾に面した一〇〇万都市の排せつ物の一部が、海の生きものをはぐくんできた。「江戸前」を育ててきたのは江戸の市民であった。この江戸前を使ってつくられたのが江戸前の握りであった。握りは、今のそれに比べると、シャリ（すし飯）は倍ほどもあったといわれる。そしてそれは、赤酢のせいで赤っぽい色をしていた。それはともかく、握りは米の料理であった。そしてやはり飯の上に魚が載ったすし飯もまた、「白い米」ではなかった。

なお、すし飯の酢は、江戸時代の前期には高級品であったが、やがて三河（現　愛知県）

で酒粕を使ってつくる「粕酢」ができるようになり、それが江戸に運ばれると江戸市中で一気に広がった。酒粕もまた米の食品なので、米の都市への集中が江戸の寿司を育てたともいえる。

二、粉モンの世界

粉モンとは?

関西、なかでも大阪を中心とする地域に小麦粉などでつくられるファストフードがある。たこ焼き、お好み焼き、焼きそば、うどんなどがそれである。より広義には、これにラーメンやパンを加えることもある。これらは「粉もの」と総称されるが、これがなまって「粉モン」になった。

由来や来歴は食品によってさまざまだが、粉モンの語が広く認知されるようになったのは二〇〇三年、大阪に「日本コナモン協会」(熊谷真菜会長)が発足して以後のことだろう。そして全国各地に存在する「ご当地」の粉モンが知られるようになり、地域振興に一役買っている。粉モンのいくつかは全国区の食べ物、食文化に成長していて、今や和食とその文化の一部をなすまでに成長したといってよい。焼きそばはその代表であろう。

人類の食を俯瞰してみると、穀類の食べ方について、粒のまま食べる粒食と、粉にひいてから加工する粉食とに大きく分けることができる。消費量からいえば粉食が圧倒的に多い。粒食されるのは、米、キビ、アワ、ヒエなどアジアの雑穀、それにソルガム、トウジンビエなどアフリカの雑穀の一部に限られる。また、粒食される穀類でも一部は粉食されている。そう考えれば、粉食は人類の食にとってより一般的で、「粉モン」は、全世界的にはごくあたりまえの食だということになる。

小麦粉など穀類の粉でつくられる食べ物は、日本でも相当に古くからある。『古事記』や『日本書紀』にも「麦」の字が出てくる。ただしこれが何麦をさすかはわからない。平安時代になると「唐菓子」と呼ばれる食品が出現している。これは小麦粉を水で練ってつくられた食品とされ、このころにはコムギ食は間違いなく定着していたことがわかる。さらに時代が下り、室町時代にはいると、麩やうどんなどのコムギ食品が禅宗の僧侶らによって中国からもち込まれた。都は京都にあったので、これらはまず京都で普及した。また室町時代後期になると茶の湯の文化が大流行する。茶の湯には菓子がつきものだが、千利休が好んだといわれる「麩の焼き」は水に溶いた小麦粉を鉄板の上で薄く焼いたもので、

「お好み焼き」のもとになったともいわれている。上方におけるコムギ食の歴史はずいぶんと長い。

大阪の粉モンの特徴の一つに、出汁をふんだんに使うことがあげられる。たこ焼きやお好み焼きの生地はコンブとカツオの合わせ出汁で溶いてつくる。大阪うどんにしても、麺が存在を主張するうどんと違って、麺、出汁、具の三者がうまく調和したところに特徴がある、ともいわれている。

粉モンはファストフード

先ほど、日本各地に「ご当地」の粉モンがあると書いた。多くの地方地域が食で地域を売り出そうとしている。まさに「いくつもの和食」そのものだが、ご当地粉モンのいくつかは、一九九〇年代までは「B級グルメ」などとも呼ばれていた。

B級の語は気軽に楽しめるという肯定的な意味ももつが、いっぽうで、どこか「二流」という負の印象を伴う。そうしたこともあってB級の語は使われなくなったが、「気軽さ」「手軽さ」は粉モンに共通する特徴である。つまり粉モンは、ファストフードの性格を帯びているといってよい。ファストフードはもともと米国由来の食文化だが、一九七〇年代以降、日本にも輸入されるようになった。

けれど日本には、日本固有のファストフードの文化があった。先にもあげた、江戸で栄えた屋台の食文化、例えば、天ぷら、そば、握り寿司などはもとはといえばファストフードである。そして、握り寿司は別として、そばも天ぷらも粉モンと呼んでよい。その後も、さまざまなファストフードが登場した。餡パンなどのいわゆる「菓子パン」、先に触れた丼もの、ラーメン、焼きそばなどがそれにあたる。そしてこれらの多くが粉モンに属するといってよい。

もちろん、小麦粉料理のすべてがファストフードというわけではない。例えば、麩はコムギからつくられるが、その用途は精進料理の煮物やもどき料理など多岐にわたっている。それにそもそも、麩をつくるには、相当の時間と労力を必要とする。

ファストフードの二番目の特徴が、手づかみで食べるか、または片手で食べるのに都合がよいことだ。少なくとも、二つ以上の食器が必要な料理、例えばナイフとフォークをもつとか、飯碗や吸い物椀と箸が必要な料理は、ファストフードには仕立てにくい。京都・西陣は伝統的にパン食が盛んな土地柄で、一九六〇年代から老舗パン屋が食パンばかりか菓子パンや「おかずパン」と呼ばれるコロッケや焼きそばなどを挟んだパンをつくって販売してきた。いそがしい職人たちが、仕事の合間に片手でつまむことができる食ということで、愛好してきた歴史がある。

このことと関連してファストフードは、立ち食いや食べ歩きといった食べ方に親和性が高いことも特徴である。なお「食べ歩き」の語は本来、店から店へとはしごすることをさす語であるが、ここでは食べながら歩く行為をさしていう。立ち食いも食べ歩きも、どちらも食べる時間を節約する食べ方である。たこ焼きなど、自宅の食卓に座って箸で食べるより、歩きながら、あるいは外で適当な場所に腰かけて、舟(舟皿)に入ったでき立てのアツアツを爪楊枝で刺しながら食べるほうがうまい。

店の側からすると、食べるための空間を提供しなくてよい営業の形態である。開業にかかる資本が少なくて済むので、新規参入者には都合のよい業態である。加えて、移動が可能なので、先にも述べたように、大災害の後に被災者に食を届けるのに都合がよかった。江戸市中に屋台が増えたのは明暦の大火(一六五七年)の直後からという。

第6章　二つの海

——日本海と太平洋

一、オオムギとカブラ

二つの海と植生

日本海と太平洋。二つの海は、もちろん、その性格を大きく異にする。そして、二つの海それぞれに面する陸域の自然も大きく異なっている。

二つの海について、まず、降水のパターンが異なる。大雑把にいえば、日本海側の地域は夏よりも冬の降水が多い。太平洋側の地域は、逆に、夏の降水量のほうが多い。降水パターンの違いは、季節ごとの風向の違いによることがよく知られている。

冬は大陸側が高圧となって、風は北、西の方向から吹く。この風が日本海を渡るとき、その水蒸気を陸地にもたらし、雨や雪となる。反対に夏には、太平洋が高圧になり南寄りの風が吹く。例外は台風だが、その多くは南から北に向かって進むので、最初の上陸地付近に多く雨を降らせる。もっとも最近では、線状降水帯が発生するなど、雨の降り方に変化がみられる。地球温暖化のせいだろうか。

この気候のせいか、自然植生にも違いがある。例えばブナの木。日本列島のブナは、日本海側と太平洋側とで葉の形態などに違いがあるほか、ブナ林に随伴する植物の種類も大きく違っている。

日本海側の地域の冬の降水は北部では雪となり、先にも述べたが、場所によってはやっかいな根雪となる。根雪になると田畑を使うことができず、農業は一毛作になる。「裏作」ができないのだ。野菜もできなくなると冬の間の栄養補給、とくにビタミンの補給が課題であった。漬物は、この必要に迫られてのものだった。ただし雪は、春には解けて川の水量を増した。この水が、春の田植えには欠かせなかった。雪も、一〇〇パーセントの邪魔者ではなかった。

太平洋側の地域は、冬はおおむね晴れて乾燥が続く。平野部は、今では都市化が進んで農業の様相は大きく変わったが、一九六〇年代ころまでは裏作としてムギ、ナタネなどが盛んに栽培されていた。浜松平野、高知平野、宮崎平野などでは、冬の晴天を利用したナスなど夏野菜の促成栽培が盛んになった。これら促成の野菜は、ようやく整備されつつあった鉄道網によって大都市に運ばれた。

関東地方から北の地域では、同じ緯度でも、日本海側の地域のほうが年の平均気温が高い。海流が影響しているといわれる。太平洋側では、北からの寒流が南下するのに対し、日本海側では暖流が北上している。加えて日本海側の地域とくに北陸や山陰では、春先から梅雨前の時期にかけて強い南風が吹くと、風下ではフェーン現象により高温になることがある。

この二つのことが関係して、日本海側の東北地方は古くからの米どころであった。春先の気温が高ければ播種を早めることができたのである。

オオムギの二つのタイプ

オオムギという作物は、今の日本ではあまりなじみがないように思えるが、ビールの主原料といえばピンとくる人も多いのではないか。世界には数千ともいわれる品種があるが、遺伝学的な研究によると、それらは「西型」と呼ばれる品種群と「東型」と呼ばれる品種群とに分かれる。東型の品種は、主に、南東北以南の日本、朝鮮半島、中国の南部、チベットなどに分布する。西側の品種は、それ以外のユーラシアや南北アメリカ、北アフリカなどの広い地域に分布している。

全世界的には「西型」品種の栽培面積が圧倒的に広く、東型は文字どおり東アジアに限られている。西型の品種を特徴づけるのは、「皮麦」「二条性」などである。ただし「六条性」のものも少なくない。東型を特徴づけるのは、「裸性」のほか、糯性の胚乳、三叉芒《さんさぼう》、渦性《うずせい》などの少々変わった性質である（そうでないものもある）。なおビール用のオオムギは

「二条」の品種で、そのほとんどが「西型」に属する。

この二つの群の品種は、亜種のレベルで分かれていると考えられている。というのは、二つの群に属する品種同士を交配すると、できた子につく穂が熟すとぽきぽきと折れてしまう。この性質は祖先である野生オオムギの性質そのものである。つまり、「先祖返り」を起こす。東型と西型は、オオムギが栽培化されて東西地域に分かれて分布したときに生まれた品種のグループとみられる。

ところで日本列島の北のほうには、西型の品種つまり欧州などに分布しているのと同じ群の品種がみられる。むろんこれらの品種はいわゆる在来品種で、国家事業としての育種開始のはるか前から、その土地で栽培され続けてきた品種たちである。これら西型の品種は、いつどこから、どのようにして日本列島に伝わったのだろうか。

西型の品種は中国大陸の中・南部や朝鮮半島には分布しない。そこで、「東型の品種は中国から九州など西日本へ、西型の品種は大陸の北部から日本海を越えて北日本のどこかに伝わった」という仮説が成立する。

これによると、日本のオオムギには、二つの異なる渡来の経路をもつものがあるということになる。もしそうだとすれば、日本の農耕要素には、少なくとも二つの渡来の経路があったことになる。じつは、二つの渡来経路をもつと思われる作物がもう一つある。それがカブラである。

カブラの東西南北

カブラは、その学名を *Brassica rapa* という一つの種に属する作物ではあるが、じつは日本には二種類のカブラがある。正確にいうと、二つの亜種に属するカブラがある。

一つは「洋種カブ」といわれる系統で、葉の根元部分に細かな毛が生えていて、種子が熟すとき、さやのなかで蠟《ろう》のような物質に包まれる特徴をもつ。もう一方は「和カブ」と呼ばれる系統で、葉に毛が無く、また種子が蠟物質に覆われていない。ただ、二つの違いは普通の人がパッと見ただけでは区別がつかない。

洋種カブはその名のとおり、起源地である地中海付近から欧州、中央アジアなどに広く分布している。ロシア民話「大きなカブ」もこの系統の品種と思われる。和カブは、日本を含む東アジアだけに分布する系統である。おそらくは中国の長江流域で生まれたものと考えられる。

そして興味深いのは、日本列島には和カブだけでなく洋種カブも分布するところである。主にその範囲は日本海側の地域に限られる。洋種カブが、大陸のどこからか、列島の日本海側の土地のどこかへ伝わったのではないかとも考えられている。先に書いたように、これまで、日本列島の農産物や農耕の技術はすべて中国大陸から九州に伝えられたものと考えられてきた。

ところが新しい考え方では、日本列島に農耕を伝えた道は一本ではない、ということになる。日本の農耕文化が、稲作を伝えた西からの道一つではなく、もう一つの道によっても伝えられたという考えが支持されたことになる。

二、二つの海の魚とその料理

ブリとカツオ、それにタイなど

日本列島はさまざまな海に囲まれている。主には太平洋と日本海であるが、ほかにも瀬戸内海や東シナ海、オホーツク海などが列島を取り囲む。そして、とれる魚の種類は海によってさまざまだ。

その一つの例として、日本海のブリと太平洋のカツオを挙げておこう。カツオの水揚げ量は、静岡県を筆頭に、宮城、東京、三重、高知と太平洋側の県が続く。一〇位以内の県

図7　魚の地域性――その1

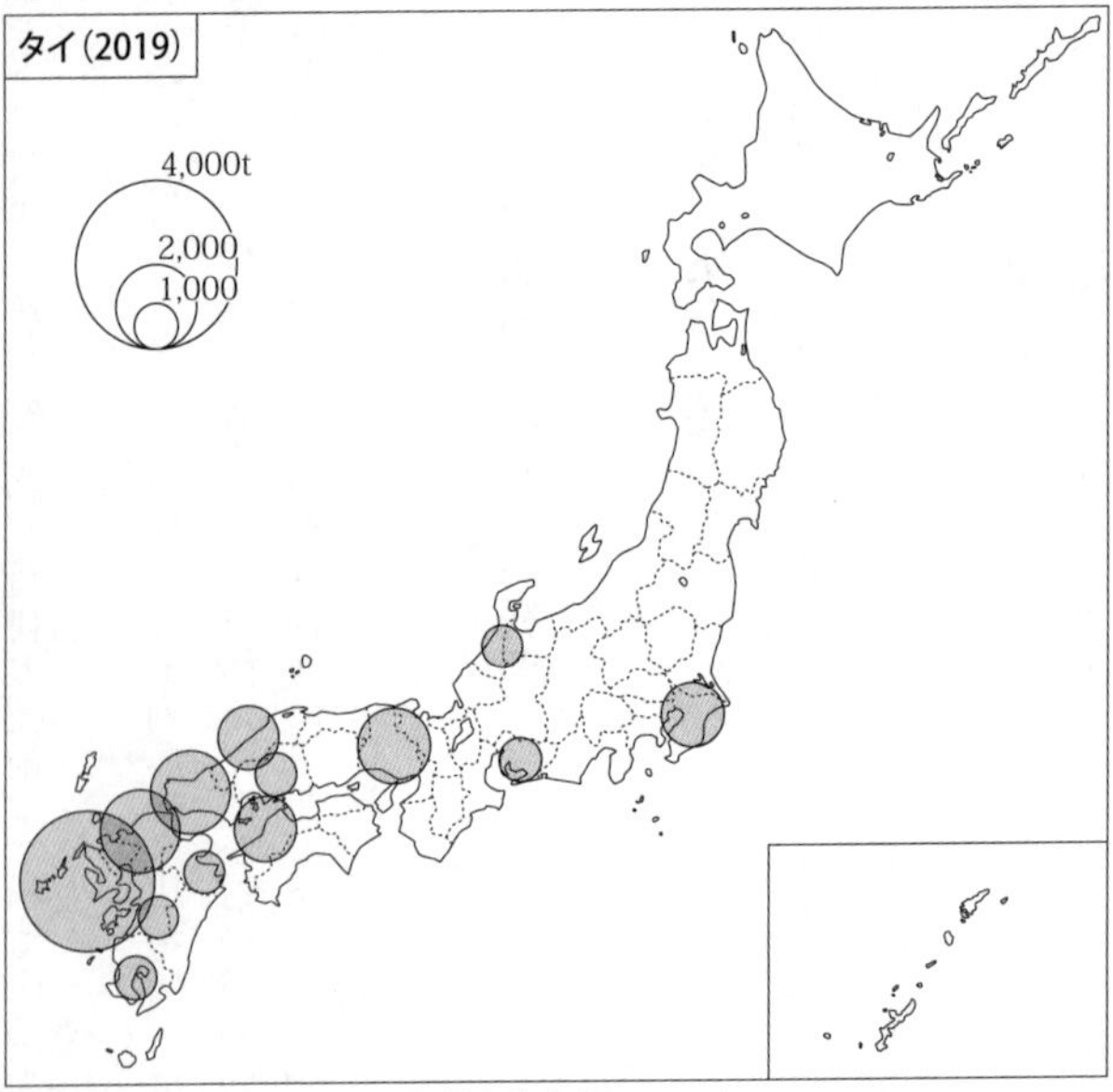

総務省「家計調査」などをもとに筆者作成（その1～4）

で太平洋に面していないのは八位の新潟県と九位の鳥取県だけである。サバも同様で、上位一〇県はほぼ太平洋側の県だけである。これと対照的なのがスズキやブリで、富山、石川、島根、福井、長崎と日本海側の県に偏る。

タイもまた――太平洋と日本海ではないが――地域性のある魚種である。

西日本でよく消費されてきたタイは、大阪や京都の正月に「睨み鯛」として出される。タイを一尾、尾頭つきのまま塩焼きにして食卓に上らせる

図7　魚の地域性──その2

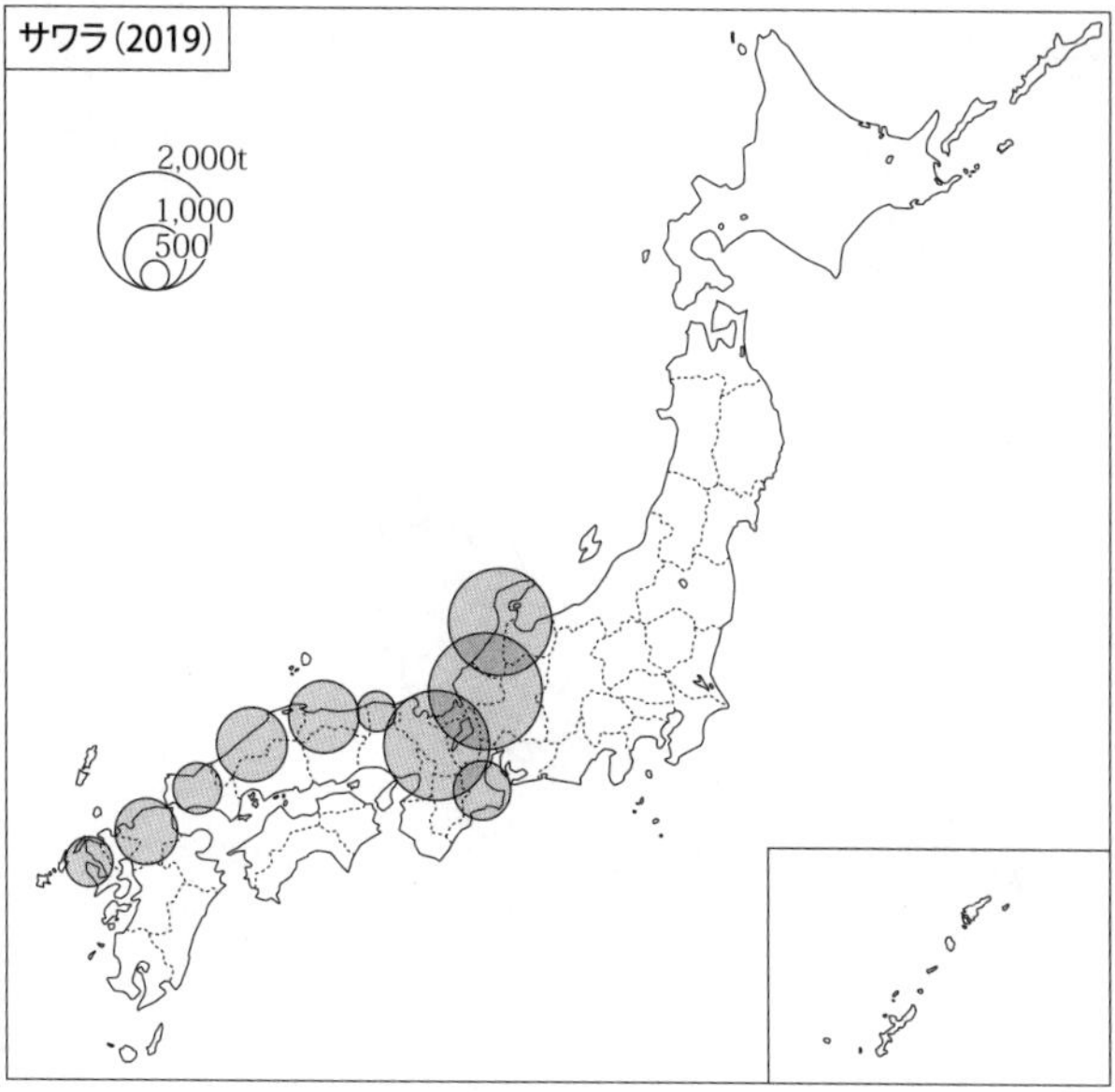

ものだが、ここには一つ決まりがある。正月三が日は箸をつけないのだ。だから睨み鯛という。

昔は家庭で生のタイを買い求めて自分で焼いたものだが、最近では焼いたものが売られている。小さいものは二〇〇〇円台で手に入るが、立派なものになると一万円を下らない。大晦日に、京都の錦市場や大阪の黒門市場にはこれが山積みにして売られる。

ごちそうのタイを見ているだけなど欲求不満に陥りそうだが、焼きたてとはまた違っ

図7　魚の地域性——その3

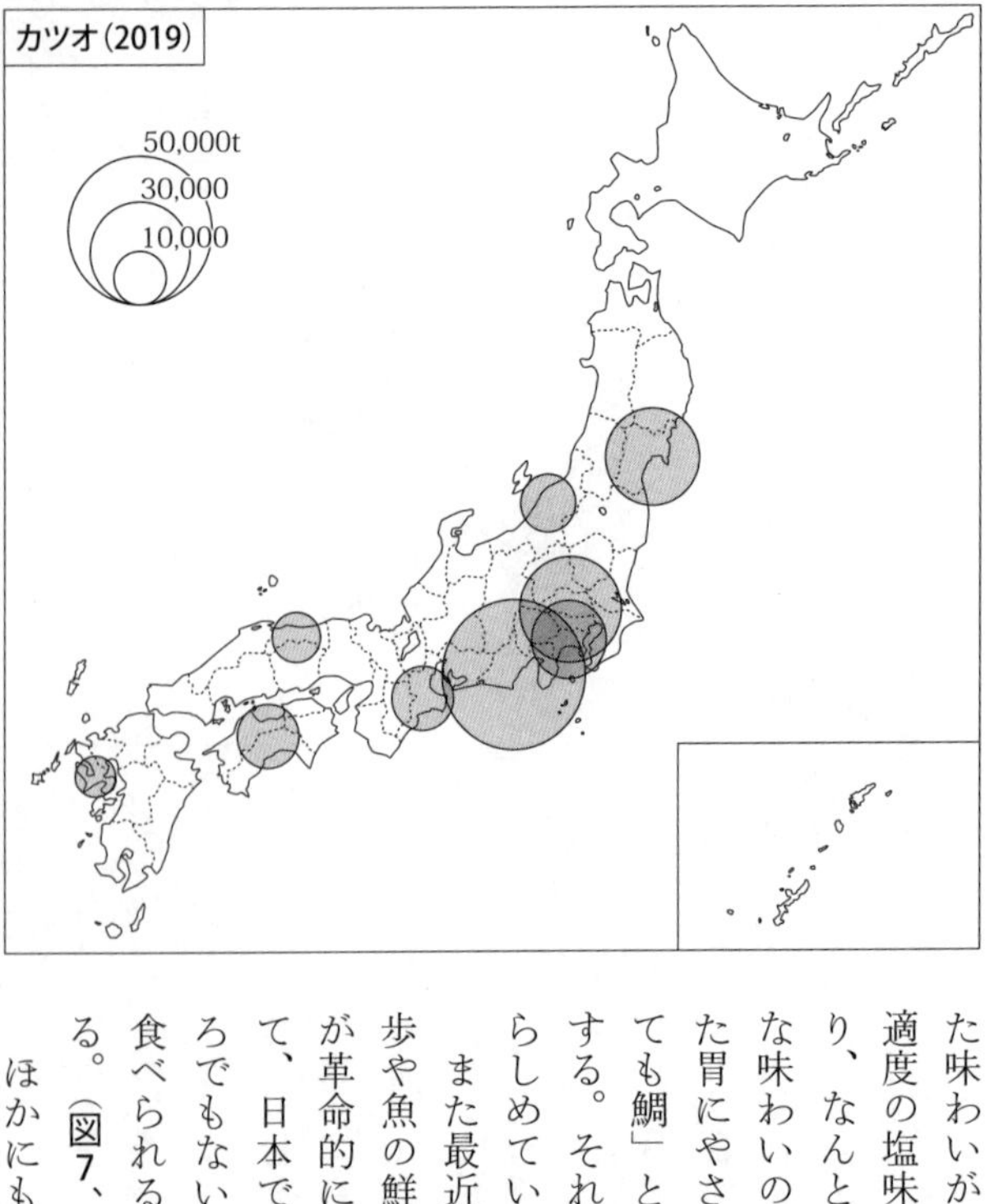

た味わいがある。三日も経つと適度の塩味が身全体にうまく回り、なんともうまいのだ。濃厚な味わいのおせち料理につかれた胃にやさしい。タイは「腐っても鯛」というほどに日もちがする。それが、タイを睨み鯛ならしめているのだろう。

また最近では、冷凍技術の進歩や魚の鮮度を保つ「しめ方」が革命的に進歩したこともあって、日本ではよほど不便なところでもない限り、新鮮な海魚が食べられるようになってきている。（図7、その1～4）

ほかにも偏在性を示す魚があ

図7　魚の地域性――その4

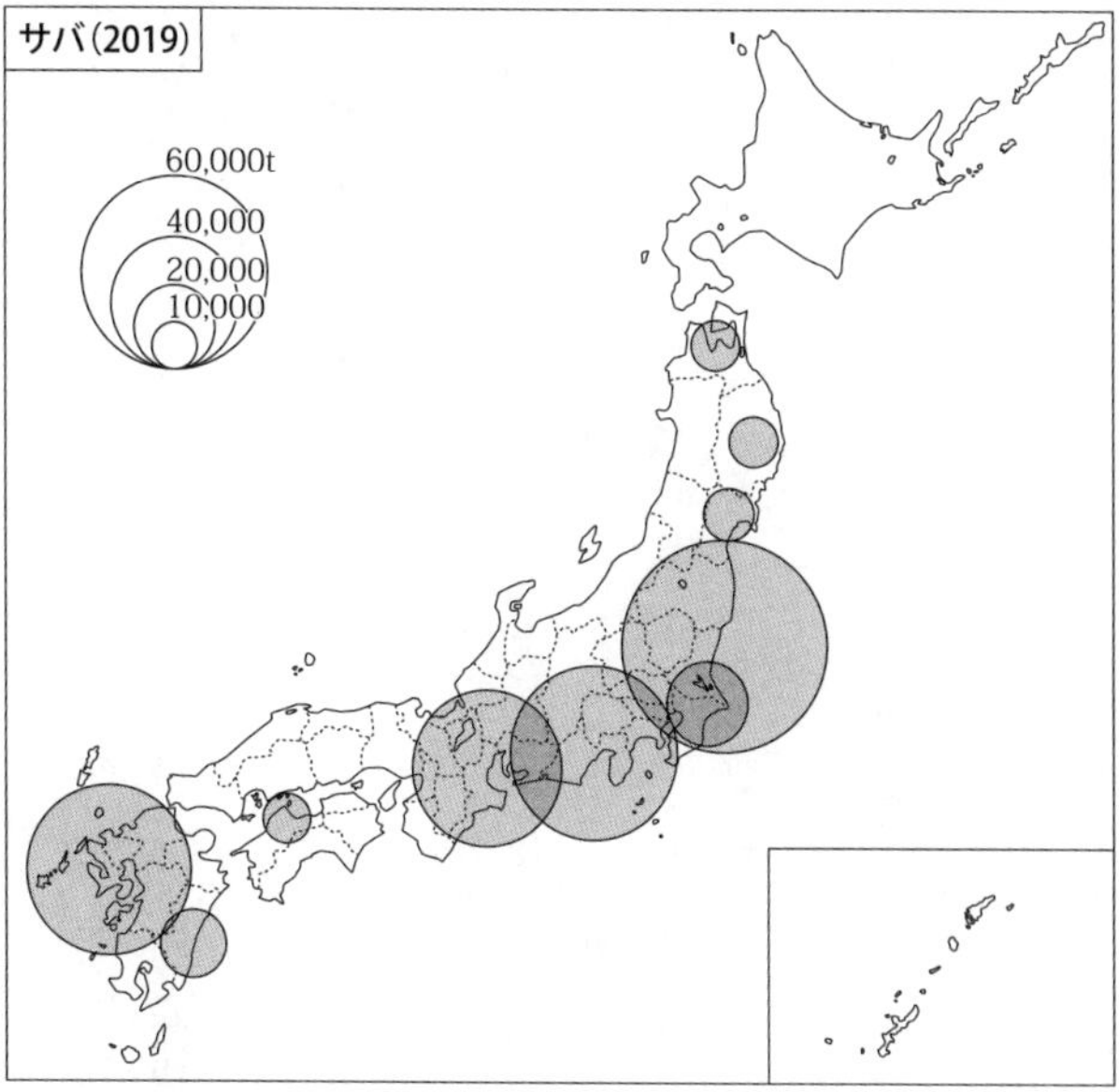

る。後に示すが、タラとニシンがそれである。これらは、かつては欧州でもこの二種が「世界をつくった」といわれるほどに多量にとれ、加工・運搬され消費された魚種であった。

日本でも日本海側に限定された魚で、とくに北海道の近海でとれ、京都や大阪で盛んに消費された。

食べられる魚の種類が地域によって異なるのは、その水揚げ量と強く関係してきた。水揚げ量の多いところで消費されてきたが、最近は流通の発達や漁法の変化でこの関係も崩れ始めている。

例えば、これまで下関が有名産地であったフグは、静岡県で水揚げされたものが多くなっている。この関係は今や世界的で、例えば国内で消費されるサバの多くがノルウェー産になっている。

魚の発酵食品の地域差

最近はタイ料理やベトナム料理など、いわゆる「エスニック」料理が人気である。それらの国で、日本の醬油のようにじつによく使われている調味料が魚である。タイでは、ナンプラー、ベトナムではニョクマムなどと呼ばれている。

タイやベトナムの魚醬は、おもには淡水魚をぶつ切りにして強く塩をして甕《かめ》などで保存してつくられる。こうすることで魚の細胞がもっているタンパク質分解酵素が筋肉や骨を分解し、アミノ酸をつくりだす。腐敗菌の繁殖は、その強い塩によって繁殖が抑えられ、異臭を発しはするものの、強いうま味を醸し出す。おそらくは他の微生物の関与もあって、それゆえに広い意味での発酵食品として扱われてきた。

日本にも魚醬がある。能登半島には、いしる、いしりと呼ばれる食品がある。いしるはイワシ、いしりはイカからつくられている。山形県酒田市沖の飛島にはイカでつくられた魚醤塩辛という食品もある。そして秋田県のしょっつる。これはハタハタでつくられる。

今田節子・藤田真理子「保存食「塩辛・魚醤」の伝統的食習慣とその地域性」（日本家政学会誌54：171-181、二〇〇三）によると、さきにあげた事例以外にも、和歌山の「たらし」が知られる。これには、サンマやイワシが使われる。ほかにも塩辛を漉すなどして魚醤のように使われてきた事例が、秋田県（コウナゴ）、伊豆大島（ムロアジ）、福井県（サバ、イワシ）、山口県（サバ、イワシ）などにある。また香川県には、イカナゴ醤油と呼ばれる魚醤があったという。これらの事例をみると、魚醤やそれに代わる食品は、伊豆大島と和歌山の例を除いて日本海側に多く残っていることがわかる。

魚醤には、地理的な偏在性があったが、太平洋側にも「塩辛」のような魚の発酵食品がいたるところにみられる。高知県の「酒盗」はカツオなどの魚の内臓の塩蔵したものである。興味深いのは伊豆諸島にある「くさや」だろうか。アジなどの魚を独特の漬け汁に漬けてから干してつくる一種の干物で、強いにおいを放つ。漬け汁自体が魚醤ともいえるし、またくさやも広い意味では発酵食品といって差し支えないだろう。

ところで微生物学の分野では、これらの食品は厳密な意味では発酵食品には含まれない。なぜなら、発酵とは微生物による変化をいうからである。先に述べた食品では、肉や骨のタンパク質を、タンパク質分解酵素などでアミノ酸に分解させており、既知の発酵菌の関与はみられない。高い濃度の食塩が菌の増殖を防いで腐敗を防いでいる。

乳酸菌や麹菌によって発酵させた発酵食品もある。福井県下や京都府下には、サバなどを使った「へしこ」と呼ばれる食品がある。これは、サバを塩に漬けた後、さらに糠に漬けてつくる。そして石川県には、フグの卵巣を塩漬けにした後、糠に漬けた「ふぐの子糠漬け」も、通の間では有名だ。秋田県の郷土料理であるハタハタ寿司は、ハタハタを麹で漬けたもの。石川県の郷土料理であるかぶら寿司は、カブラとブリを漬けたものである。かぶら寿司は、寿司とはいっているが使われる糖質源はカブラである。

今は琵琶湖周辺だけに残るふなずしは、塩漬けにしたフナを、炊きたての飯と塩とで発酵させてつくる発酵食品で、発酵の主体は乳酸菌である。ふなずしがすっぱく感じられるのは、この乳酸菌が生み出す乳酸のためである。

三、日本海の文化と北前船

米どころは日本海沿岸？

二つの海の存在は、魚と魚料理の地域差を際立たせた。いっぽう、海には異なる地域を結ぶ交易路としての機能もあった。その一つが江戸時代から近代にいたるまで、日本海側の地域を結んだ北前航路であった。航路を通る船を北前船といった。北前航路は、全盛期には、北は北海道の小樽から北陸、山陰を経て瀬戸内海に入り、最終的には大坂に達していた。

もっとも北前航路が開設される前から、日本海側には海の交易路が開かれていた。もともとは近江商人が松前藩からコンブやニシンを上方に運ぶ海の交易路だったが、これを利用して、今の山形県・出羽の国の米を江戸に運ぶ航路を開いたのは江戸時代初期に活躍した豪商の河村瑞賢《ずいけん》であった。

それまで、出羽の国には幕府の直轄地である天領があった。ここでとれた米は、最上川を下って河口の酒田に運ばれた。米はそこで船に積みこまれ、敦賀で下ろされた後は琵琶湖に入り桑名にまで運ばれていた。そしてそこからまた船に積まれて江戸に運ばれた。河村瑞賢は航路を西に延ばし、下関から瀬戸内海を通って大坂に、そしてそこから再び船で江戸に運んだのだ。

そもそも、東北地方の日本海側の地域は古くからの米どころであった。その影響は今にも残り、秋田県、山形県、新潟県は日本最大の米どころとなっている。地球レベルでの温暖化により、最近では日本一の米どころは北海道になりつつあるが、それでもこれら三県は生産量で上位を占める。

新潟県は、日本の米品種の金字塔を打ち立てた「コシヒカリ」の実質的な生誕地である。そして、このコシヒカリの遺伝子を受け継いだ品種は日本中にあまねく分布する。秋田県で育成された「あきたこまち」、山形県で育成された「つや姫」「雪若丸」など、どれも「コシヒカリ」の遺伝子を受け継ぐとともに、今や全国にその名をとどろかせる著名品種に成長した。

話はそれたが、大坂に行くのに瀬戸内海を経由するのはいかにも遠回りにみえる。しかし、敦賀経由のルートでは二度も三度も積み替えが必要になる。とくに、重たい米の積み替えは大変に困難である。

西廻り航路の存在を意外に思う人もいるだろう。なぜ、太平洋側でなくて日本海側なのか、と。一つには、太平洋を通る東廻りの航路が安全の面で問題があったからだが、もう一つ、日本海側の地域がこの時代に大きく発展していたことも関係している。

近代に入るまで、日本の交易の中心は日本海側にあった。明治時代に入ったばかりのころ、新潟県は人口でいつもトップ争いをしていた。とくに一八八七年から九六年までの一〇年間は、日本一人口が多かった。ほかにも、石川県（今の石川、富山、福井県の一部を含む）や広島県が一位になっていた歴史があった。

北前船を介して運ばれた物資や文化は、その後の日本の食文化に大きな影響を与えた。北から南への航海で運ばれたものは、コンブや身欠き鰊、棒鱈などの産物であった。詳細はのちに述べる。反対に南から北へと運ばれたものには、丸餅や和菓子など上方の食材や文化があった。北前航路は、日本列島のさまざまな食の要素の交流に大きな役割を果たした。

山居倉庫を建造する

出羽の米が酒田に集められたことは前項に書いたが、酒田は拠点として盤石の構えをもっていたわけではなかった。

まず、街が面する最上川は暴れ川である。芭蕉をして「五月雨を集めて早し最上川」と詠まれたほどの急流である。しばしば洪水を起こし、河口の街の酒田は洪水に見舞われた。米の倉庫も当然にして被災した。広く最上川流域の米を集積してきた庄内藩としては、米の適正な管理と安全・安心な酒田港の整備は必須の要件であった。

米の集荷と貯蔵の重要性は近代以後も変わらなかった。その後の対応を「庄内広域行政組合」の資料に基づいてみてみよう。

政府はとにかく金欠だった。幕藩体制下のような米の厳格な品質統制はできなくなっていた。加えて西南戦争により大量の米が必要となったことなどもあり、米の需要が急増した。そこに米の投機的な買いが加わり、米価が高騰した。米の品質もがた落ちした。そして、そのあおりを受けて庄内米はじめ日本海側の米は悪評を買うことになる。「鳥またぎ」、つまり鳥も食わない劣悪な米だという、とんでもない悪評を受けたのだった。

そこで関係者は、最上川の河口部に新たに「山居《さんきょ》倉庫」という倉庫を建造する。山居とは最上川河口部の地名である。米は河口部で最上川に合流する新井田川に面した港で船積みされ、すぐに日本海に出ることができた。建主は「酒田米穀取引所」で、一八九三年のことであった。これには旧藩主である酒井家も協力した。倉庫は土蔵づくりで、一八九七年までに一四棟が建てられた。今も一二棟が残されていて、そのうちの何棟かは現役で倉庫として使われている。

倉庫は、米の品質を保つための工夫が凝らしてある。また倉庫の建造にあたっては建物の基礎を高くするとともに壁を厚くし湿気の侵入を防いだ。さらに屋根を高くして夏の暖気を天井から抜ける構造にした。そして倉庫列の西側には、ケヤキの並木をつくった。ケヤキは、夏には盛んに蒸散して気化熱を奪い、また西日の直射日光を避ける役目を果たした。このように、空調設備などなかった時代に、当時の最高の技術の粋を集めて、倉庫は建造されたのである。

コンブを運ぶ

北前航路は、コンブを関西に運ぶのにも大きな役割を果たした。コンブのうまさは古代から知られていたが、室町時代にコンブが出汁に使われるようになったことで、日本の食は一変したといわれる。

和食の特徴の一つは出汁にある。そして、その素材として欠かすことができないのがコンブである。コンブは北海道のいくつかの海で採集され、干したうえで集散地の敦賀などに運ばれる。そこで温湿度管理された蔵などで熟成してから販売される。要するにコンブは、野生植物の採集によって得られる食材なのだ。

ただし最近になって、コンブを「栽培」する動きも始まっている。コンブ漁師は――コンブ採りをする人びとはなぜか漁師と呼ばれる――、海に潜ってコンブの苗を植えつける。また、植えつけたコンブ以外の海藻を取りのぞく。前者は農耕における播種または移植に相当する。後者はさしずめ除草だろうか。

コンブ生産の主力はまだ採集行為である。ただし、コンブの生産量は、まったくの自然任せだったわけではない。福井県敦賀でコンブの買い付け、販売をしている奥井海生堂の奥井隆さんによれば、コンブ生産量はニシンが豊漁であった年に増えたという。ニシンが豊漁の年は浜で大量のニシンが加工され、不可食部分は茹でて肥料（鰊粕《にしんかす》といった）にして、北前船で関西方面に運ばれた。この作業で出た廃液は海に流され、結果としてコンブの肥料になったのではないかという。

この話がほんとうなら、ニシンの加工という人間活動がコンブの生産を支えていたことになる。その意味では、コンブは天然資源でありながらも間接的には人間活動の影響を受けていることになる。

コンブは出汁としても使われるが、そのまま食べることもできる。総務省「家計調査」によるとコンブの消費量が多かったのは、二〇〇八年ころまでは富山市が圧倒的一位であったが、その後に順位が入れ替わり、二〇一四年から一八年の平均では、盛岡、青森、山形、富山、仙台の順となっている。不思議なことに、京都や大阪はそれぞれ二二位、二四位で、消費量は全国平均にも及ばない。上方のコンブは料理屋などで出汁に使われるか、土産物の佃煮に使われるだけになってしまっているようだ。

富山のコンブは、身欠き鰊などの魚を巻く昆布巻きにされた。富山にはほかにも、とろろ昆布のおにぎり、昆布締めなどの郷土料理があって、コンブの消費の多さがうかがえる。また金沢にも、「さわらの昆布締め」「鰊の昆布巻き」などコンブを使った郷土料理がある。

さらに富山の商人たちは、コンブを中国に運んでさばき、その代わりに中国の薬草を手に入れて薬売りをしていたという。

タラとニシンもまた

タラとニシンは、日本海側でとれ、日本海を経由して京都や大阪など関西に運ばれて消費されてきた。

タラは、北海道など日本海の北部でよくとれた魚種である。これを三枚におろしてから水で煮て、さらに乾燥させてつくるのが棒鱈《ぼうだら》である。大阪や京都の市場では、年末になると乾物店の店頭に、この棒鱈が山と積まれる。乾燥が進んだものは、たたくとカンカンと甲高い音がする。そんな音がするほど身が締まっており、ふりまわせば凶器になるかと思われるほどである。これを、米のとぎ汁に二、三日漬けてふやかしたうえで適当な大きさに切り甘辛く煮たものが、おせちの煮物にはきっと加わる。なお、この甘辛煮もまた棒鱈と呼ばれている。

京都には、「芋棒」という郷土料理がある。エビイモというサトイモの品種とこの棒鱈を炊き合わせたものである。エビイモは、体部にエビの節のような模様ができるのでその名がある。家庭でもつくられるが、「芋棒」という、この料理を専門に出す店もある。

ニシンもまた、近代日本をつくった魚種の一つだった。

幕末から昭和初期にかけ、北海道の西岸ではこれでもかというくらい大量のニシンがとれた。その最盛期には、北海道などでは巨万の富を蓄えた網元も現れた。その網元たちの家屋でもあり作業場もあった建物はニシン御殿とも呼ばれた。道内には現存するニシン御殿もある。とれたニシンは三枚におろして乾燥させた。これが身欠き鰊で、船で関西に運ばれた。

関西では、身欠き鰊は米のとぎ汁で時間をかけて戻して食べる。京都では、ナスと炊き合わせて食べる。また、汁そばに載せたのが「鰊そば」という名物料理である。前者は夏の一品、後者は冬の一品だ。

また先に紹介した石川県の郷土料理「鰊の昆布巻き」も、やはりこの身欠き鰊を使う。能登地方は、北前船の運航により巨万の富を蓄えた地域の一つでもある。この地域の豊かな食文化の背景には、この北前航路の存在があったが、これらのニシン料理も、いかにも北前船の果実らしい一品である。

とれすぎて処理が追いつかず、古くなってしまったニシンは大釜で茹でて、油分は「鰊油」として回収した。先述のように、はらわたや頭など食べられない部分は煮干しにして肥料として使われた。これらは鰊粕と呼ばれ、関西に運ばれた。

これが、関西の農業生産の向上に大いに役立ったという。大阪は、明治時代には日本有数の綿工業地帯になったが、その背景には大阪平野で生産されていた棉花《めんか》の生産があった。そしてその増産に、この鰊粕が大きく貢献した。

第7章　海と里と山

——里海・里地・里山

一、山の食

基本は山菜

山の食といえば精進料理。精進料理というと仏教を思いおこす人も多いだろう。その考えは間違いではないが、日本の精進料理の一つの源流は山の食、それも修験の行者の食である。山の食の基本は山菜である。

日本では、人の生活圏は里と呼ばれた。里の周辺にあって、人の活動が及ぶ山がちの空間は「里山」とされた。里山は、里と、人間活動の影響が希薄な奥山の緩衝地帯であった。奥山に入るのは、山向こうの土地に向かう旅人か、あるいは山の資源を求める山師、修験の行者くらいのものであった。

生えている植物は、ほとんどが野生植物である。何が食べられ、何が食べられないか、そうした情報は当事者間で共有され口伝で世代を超えて伝えられた。野生植物のうち、草の仲間や、木の仲間の新芽などの柔らかい部分を「山菜」と呼ぶ。植物の種類としては多種に及ぶが、それらは、ほぼ日本原産である。全国的に分布するのが、フキやそのつぼみであるフキノトウ、そしてゼンマイだろうか。

フキは、葉柄の部分（葉と茎をつなぐ軸の部分）を灰を加えた水でよく茹で、表面の皮をむいたあと、煮物に使うか、あるいは佃煮にして保存食にする。フキノトウは、強い季節性があり保存が利かないが、天ぷらにしてもよいし、または軽く茹でて細かく刻み、味噌とともにすり鉢で擂った「蕗味噌」にしてもよい。独特の風味と苦味が、春の訪れを告げてくれる。ゼンマイは、多くは干したものが流通する。これを、灰を溶かした水でよく茹でてからフキのようにして食べる。

山菜の多くは、植物学的には「半栽培植物」と呼ばれているものである。人間が種子を播いたり肥料をやったりという「栽培」行為はおこなわれない。その意味では、野生植物の性質を色濃く残している。しかし、採りつくさない、などの資源管理や生息地に適度の管理を加えるなど、人間は間接的にはかれらの生活に介入している。

日本を含む東南アジアの地域の人びとは、「自然に添う思想」をもっている。この地域では、自然はときには横暴を極めて社会にダメージを与えることもあるが、いっぽうでは生きるためのめぐみを提供してくれる存在でもあった。自然は、自分たちと共にあるものではあっても、人間による支配の対象でもなければ、また管理の対象でもなかった。修験道の行者たちも、山で手に入るこれら山菜を、決して手元に置いて管理したり育種の対象にしたりすることはなかったのである。

山菜にははっきりした旬があり、また独特の風味や苦味をもつものが多い。今のようにカラフルで多様な野菜がなかった時代、山菜は少量であっても季節ごとの貴重なビタミン源だったのだろう。とくに、修験者には貴重な食材であったと思われる。

山菜の多くは自家消費、または地域内での流通にとどまり、県境を越えた流通や大規模生産はほぼおこなわれていない。それらはこれまで品種改良されてこなかった。それは採集・狩猟文化が遅れた文化だからではない。背景にあるのは「自然に添う思想」である。また、それらは肥料を与えられることもなければ、害虫などから農薬で守られることもなかった。

東北の人は山菜好き

わたしのフィールドワークでの経験知では、山菜といえば東北地方である。一九九〇年代の後半、わたしはよく青森を訪ねていた。当時、青森駅前から少し離れたところに「古川市場（古川大衆魚菜市場）」と呼ばれる市場があり、海でとれた海産物や地域の食材が並んでいた。市場のなかや、その外の周辺の道路には簡易な露店が並び、干した山菜などが山と積まれていた。

初夏には、街の飲み屋などではミズのおひたしが出た。茎の部分を、フキの茎を食べるときとおなじように皮をむき、さっと茹でればできあがりである。茎の基部の色で、アカミズ、アオミズに区別されていた。どちらもしゃきしゃきした食感で、味は淡白ながら地元の人びとにも根強い人気があった。

ミズはまた、ホヤと合わせることで絶妙な一品になる。両者を、薄い塩味のコンブの出汁につけて食べるが、あっさりとした味わいの名品である。京都の料理人がいうところの「であいもの」であろうか。ホヤは、東北の海でとれる小動物の一種で、独特の風味とこりこりした食感がある。ホヤのはらわたは塩辛で食べるほか、ナマコのはらわたと合わせて塩辛にしたものを「ばくらい」と呼び、通の間では珍味として賞味されている。

この「山菜といえば東北地方」というわたしの経験知を裏づける統計資料がある。山菜の消費量には、はっきりした地域差がみてとれる。農水省のデータから、自然採集品のみを取り出してみる。ワラビ、乾ゼンマイ、ヒラノメなど一〇種の総量でみれば、生産は東北地方と九州地方に偏る傾向がある。とくに東北地方の生産が突出しており、山菜の生産の中心が東北地方にあることがわかるだろう。山菜が流通には向かないことを考えると、生産地と消費地とが重なり合っていることは間違いないと思われる。

この一〇種のうち、フキやワラビは生産量も多く、また九州や四国での生産、消費も一定量認められるが、ミズ、コゴミ、コシアブラなどは生産、消費は東日本に限定される。

東日本が、縄文文化の系譜である野生植物の採集に生業の基礎をおいた文化を、今なお継承していることのあかしでもあるわけだ。日本の文化が縄文文化と弥生文化という、二つの文化を基層にもつことは、こういうところにも表れている。

修験の食

山には、大変古い時代から修験の文化が根づいていた。原始的な宗教活動はそこいらにあっただろうが、やがてそれらは組織化、体系化されてゆく。

山形県鶴岡市の手向《とうげ》集落には、羽黒修験の修験者たちの宿坊が多数あって、その季節になると全国から多数の行者があつまる。修験者たちの修行中の食は基本的には精進料理である。

修行中、彼らは動物性の食材を口にしないことが多い。近世・近代にあった「穢《けが》れ」と同じような概念が、非常に古い時代からあったのではないかとも考えられる。『魏志倭人伝』には、倭の国の人びとが服喪中には肉食しないと書かれている。この時代は仏教がまだ日本には伝わっていなかった。だから、精進食の伝統は仏教以前からのものということになる。

昔の修験者のメニューがどのようなものであったか、詳しい記録が残っているわけではない。しかし、その名残を今にとどめるものの一つが、出羽三山神社の斎館で出される精進の膳である。わたしが訪ねた日のメニューは、ご飯、豆腐の味噌汁のほか、ネマガリタケとシイタケの煮付、ゴマ豆腐、フキの佃煮、ゼンマイ・シイタケ・タラノメの天ぷら、赤カブの酢漬けなどであった。なかには今流に調理されたものもあるが、いわゆる山菜を含み、昔ながらの伝統を守る工夫がされていた。

山梨県の富士吉田には、富士山の修験者の世話をする御師《おし》という集団があって、修験者を支えてきた。吉田の御師の人びとは独特の文化をつくり上げてきたが、食についても例外ではなかった。現代ではそれほどの厳格さはないようだが、江戸時代には御師の料理の基本は精進料理であったといわれる。主な食材は、「ヒジキ、かんぴょう、コンブ、ゴボウや他の野菜」などで、料理としては「ヒジキとジャガイモの煮物」「ユウガオの煮物や汁物」が代表であった。

山菜のほかにも、幾多の植物が利用された。あるものは薬として使われた。アケビ、カタクリ、トウキ、ヤマユリ、レンギョウなどは日本原産の植物で、それらが薬草になったものと考えられる。山を歩き回る修験の修行では、身体を壊すこともあっただろうし怪我をすることもあったに相違ない。そのようなとき、治癒を助ける植物についての知恵が体系化され、修験の社会に共通の知として蓄積されていった。

山の民と焼畑の食

山には古くから焼畑の民もいた。それがいつごろからのことかはわからないし、またその出自もわからない。しかし、焼くという行為の性格上それは新しい技術ではなく、おそらくは太古の代からあったものと考えられる。

焼畑とは、山の斜面の植生を焼き払い、できた灰を肥料分として利用しながらおこなう農耕の方法である。モンスーン地帯のような高温多湿の環境下では、雑草防除の方法としても有効な方法として認識されてきた。焼畑で栽培される作物は、地方によって、また開墾後の年数によっていろいろである。ヒエやオカボ（陸稲）などの雑穀、アズキなどのマメ類、カブラ、ダイコンなどの根栽が栽培されていた。

焼畑での栽培の特徴は、畑を開いてからの年数によって植えられる作物が替わることである。焼畑農業のもう一つの特徴は、その休耕中にあらわれる。休耕とは、二、三年耕作を続けたのち、一時的にその土地を使わず放置することであるが、休耕中の土地の生産性はゼロではない。チャやタケをはじめとする多年生の植物もいる。タケは地下茎で繁殖するので、仮に地上部が焼かれても地下部は生き残る。休耕中に再生し、タケノコは食用になり、成長した茎はさまざまな用途に使われた。

さらに、植生の再生の過程で登場する自然の植物たちもいた。これらの植物は人間の直接的な管理下にはなく、したがってその分布には自然の要素がつよく関係する。つまり、焼畑の環境では、純然たる作物から野生植物まで、人間の関与の程度がさまざまに異なる多様な植物種が生息している。また焼畑を営む人びとは、しばしば山に棲む野生動物の狩りをする。焼畑の民には、動物性タンパク質を、野生動物の狩りでしか得る手段がなかったからである。

よく、焼畑は環境破壊の元凶といわれることもあるが、それは、現代における熱帯林などの大規模開発ばかりを焼畑と考えてきたからである。たしかに、広大な熱帯林を焼き払っておこなうプランテーション農業は森林破壊や土壌の流亡を招き、深刻な環境破壊をもたらす。しかし、各地でおこなわれてきた伝統的で小規模な焼畑は、むしろ環境を守る人間活動である。

伝統的な焼畑とは、山の樹々を切って下草とともに焼き、できた草木灰を肥料に作物をつくる農法をいう。草木を根元からじっくりと焼くので、焼いてしばらくは雑草も生えない。開いた土地は二、三年もすると地力が衰え、また雑草も復活するので休耕する。すると土地はまた森にかえってゆく。これを繰り返すので、地域全体で見れば森林は破壊されず、また若い森が更新されるので二酸化炭素の吸収もよい。

焼畑は過去の農法であるかのように考えられているようだが、近年、見直しが進んできている。山形県の庄内地方では、カブラの生産を焼畑地でおこなっている人たちがいる。できるカブラの味は濃厚で、鶴岡のイタリアンレストラン「アル・ケッチァーノ」のシェフ奥田政行さんは、これを素焼きにして出している。

静岡市井川地区の望月正人さん仁美さんらもまた、同地区で焼畑を続けてきた。焼畑地ではいろいろな作物がつくられるが、なかでもソバは秀逸だという。市内のそば店「たがた」の主人田形治さんは、そのソバを粉に挽き客の前でそばにして出しているが、香りといいのど越しといい、まさに逸品である。なお大井川上流部では、江戸時代から焼畑が営まれていたことが記録にも明らかである。

山の魚は淡水魚

今の時代、魚といえば海の魚をさすことが多い。市場に出回るほとんどが海の魚である。淡水魚で食べられるものといえば、アユくらいしか思い浮かばない人も多いだろう。全国的にみても、スーパーなどの魚売り場で見かける淡水魚もその程度のものだろうか。

しかし、地域によってはもっといろいろな種類の淡水魚にお目にかかるところもある。

京都市の錦市場は、京都市民の台所ともいわれる市場で、一三〇軒余りの個人商店が集まっている。そしてそのうちの四軒が淡水魚を扱う店である。扱われる魚種はアユのほか、ゴリ、コイなど多種に及ぶ。

京都には、市街地の西のほう、太秦《うずまさ》の北に遍照寺という寺がある。この寺の付属施設として、今から一〇〇〇年ほど前に広沢池という池がつくられた。池は今では年一回、水を抜いてメンテナンスをする。そのとき、池に生息していた魚たちを水揚げし、小さいものは再び水を張って池に戻し、大きいものは販売する。これが魚店に流れていた。

京都の桂川、宇治川、木津川の合流点付近に巨椋《おぐら》池という巨大な遊水池があった。池は一九四一年までに埋め立てられたが、その面積は、遊水池という性格上、正確には計測できないものの、およそ八平方キロメートルに及んだという。

ここには、京都市伏見区、久御山町、宇治市にまたがる漁業組合があったほど淡水漁業が盛んであった。とれた魚は、コイ、フナ、ナマズ、ウナギなど四〇種類、さらにタニシ、シジミなどの貝に及んだ。戦前までの京都は、淡水魚食の盛んな土地であった。

そのことを反映して、京の街は長年、川魚の街であった。街には、古くから「川魚」を看板にした料理屋が多数あった。市内の料理屋の一軒「美濃吉」は川魚料理店を名乗るし、また創業四五〇年になるともいう高野川沿いの茶屋「平八茶屋」にも、川魚料理のコースがある。ほかにも川魚を看板にする飲食店は複数あり、京の街が川魚に支えられてきた歴史を物語っている。

ワニを食べる!?

日本にワニを食べるところがある、といえば驚く人が多い。ところが実際、「ワニ」は食べられている。広島県の芸北地方がそれである。しかもおもしろいことに、ワニの肉は、瀬戸内からではなく出雲から運ばれてくる。

出雲といえば、「いなばの白ウサギ」の話ではウサギがワニをだましてその仕返しに皮を剝かれることになっている。このワニこそ、今なお広島県の三次《みよし》、庄原《しょうばら》地方で食べられているワニこと、サメのことである。そう、この地方ではサメをワニという。

サメは、この地方では貴重な動物性タンパク質の給源であった。結婚式や建物の上棟式などいわゆるハレの日ばかりではなく、普段の日にも食べたようだ。新鮮なものが手に入ると刺身でも食べたという。ショウガや、酢味噌で食べるとよいらしい。

しかし、山のなかにどのようにしてサメの肉を運んだのであろうか。サメは海に生きる軟骨魚類であるが、海水という濃い濃度の塩水中にいるために、ふつうならば体内の水分がどんどん逃げていってしまう。そうならないように、サメは血液中に大量の尿素を蓄え、それによって浸透圧を高めているようだが、死ぬとその尿素がアンモニアに変わりアンモニア臭い肉になってしまう。けれど、アンモニアのおかげで肉の腐敗が抑えられ、そのために山中まで運びそこで食べることができた、ということであったようだ。

問題は鼻を刺すようなアンモニア臭である。サメの刺身を食べるときには酢味噌で食べるというのは、酸がアンモニアを中和し、味噌が臭みを抑えるからである。

似た食品にエイがある。こちらもサメと同じ軟骨魚類に属し、サメと同じく血液中の尿素で浸透圧を調節している。北海道から東北の日本海側では、このエイの干物を食べる習慣があり、カスベの名で知られる。

山にも海の魚が運ばれた。塩蔵は、動物性タンパク質と塩分を同時に摂取するまたとない方法だった。塩サバはじめ海の魚の塩蔵したものは、内陸には広く出回っていた。煮貝はアワビを醬油で煮つけた山梨県の食品で、すぐに腐ってしまう魚介を醬油の塩分と加熱により保存性を高めたものである。塩蔵の魚が地方の隅々にまで伝わっていたことは、イザベラ・バードの『日本奥地紀行』にも出てくるとおりである。

二、里の食

野菜は新参者

日本人は野菜好きである。というよりも野菜が好きであると、自己暗示にかかっている、あるいは自己暗示にかかろうとしているかのようにもみえる。厚生労働省が二〇一二年に発表した「健康日本21」では、一日三五〇グラムの野菜をとることが推奨されている。

野菜とひとくちにいうものの、それらは大きく、品種改良を受けてつくられたもの（これらをかつては蔬菜《そさい》と呼んだ）と、先に書いた、比較的人の手から遠く野生の性質を強くもつ山菜とに分けられる。当然のことながら、山菜のほうは日本原産のものが多いが、蔬菜のほうはいつの時代かに日本列島にもち込まれたものである。

主な蔬菜の渡来時期は表1（33ページ）に示したとおりで、イネのように古いものから、モロヘイヤのように明治時代以降に渡来したものまで、さまざまである。日本は野菜の豊富な土地柄だが、「ローマは一日にしてならず」のことわざのように、二〇〇〇年の時を経てできた風土である。

ところで、野菜たちはどこから日本列島にやってきたのか。これについてこれまで、多くの野菜が中国から、あるいは朝鮮半島を経て、九州に渡来し、そこから西日本へ、さらに東日本へと伝わったと考えられてきた。しかし最近の研究では、野菜に限らず多くの食材に渡来経路が複数あったことがわかってきた。

むろん、より古い時代には、朝鮮半島を経由してやってきたものが多かった。古代国家が成立してからは、遣隋使や遣唐使がいろいろなものを運んできた。例えば、茶葉や砂糖は鑑真が運んできたものとされる。そのどちらも、その後しばらくは途絶えたようであるが、「最古」という意味では鑑真がもち込んだのが最初であったことになる。

中世に入ると、多くの食材が中国からもち込まれた。そしてその多くも、運び手は仏僧たちであった。なかでも、禅宗の僧侶たちがもち込んだ食材には、精進料理の素材として重要なゴマ油、醬油、麩などが含まれた。

大きな変化は、「コロンブスの交換」と呼ばれる、新大陸と旧大陸の交流が始まった後（一六〜一七世紀）に起きた。新大陸から運ばれたジャガイモ、トウガラシ、トウモロコシ、サツマイモなどの作物が南方経由で日本にもたらされた。

また全世界的に寒冷、乾燥化した時期だったようで、ユーラシアの内陸を通って東西交易路として使われていたシルクロードが衰退してしまった。東西交易は海を通るようになった。ユーラシアの西の文化は、海を通り、南から日本に伝わった。「南蛮貿易」の背景には、こうした事情が関係していた。

地域の野菜

このようにして渡来した野菜たちであったが、長い時間の間に多くの突然変異が生じ、たくさんの品種が生まれた。それらは、多様な自然環境に適応するかたちで、土地固有の品種として栽培され、さまざまな用途に応じた品種として利用され続けてきた。野菜の多くは他家受粉する。栽培が盛んになると複数の品種が隣り合って栽培される機会が増え、それによって他家受粉が起こり遺伝的な多様性がいっそう増すことになった。野菜の生産地は都市近郊に集中した。

地域の野菜品種の多様性と品質の高さに最初に気づいたのは、京都であった。精進料理の伝統などによって、一九七〇年ころから官民が一体となって高い品質の野菜をつくり続けてきた京都では、行政が「京の伝統野菜」「京の旬野菜」などの名前で認証し、知名度の向上に努めた。その種類も三〇数品目に及んでいる。そして今では、「京野菜」といえば知らぬ人はないほどの知名度を得ている。なお、京野菜が今の地位を得るに至った過程については、拙著『京都の食文化』（中公新書、二〇二二）を参照いただきたい。

山形県の庄内地方もまた、地域の伝統の作物の継承と普及に熱心なところである。庄内藩は、北前船による交易などでゆたかな藩であった。藩主の酒井の殿様は文化や学問に明るかった。

また現代では、山形大学農学部などの高等教育・研究機関があって、もう二〇年も前に「山形在来作物研究会」という会を組織し、組織的な品種改良を受けていない在来の作物の掘り起こしが進められた。この活動の中心となったのが、山形大学の江頭宏昌さんと平智さんらである。また鶴岡市など行政と大学の交流も盛んで、官と学の間のよい連携が進められてきた。鶴岡市では、先に書いた地元出身のイタリアンレストラン「アル・ケッチァーノ」のシェフ奥田政行さんが、地元の産品を使った新メニューを開発するなどして、鶴岡市の知名度を高めている。研究会の会長を務めた江頭さんと奥田さんのペアが、庄内の食材を全国区に押し上げたのである。

これらに刺激された結果、あるいは独自の活動の成果として、その後も各地に在来の野菜を掘り起こしてブランド化し、次世代につなごうという活動が展開された。東京を中心とする「江戸東京野菜」、大阪の「なにわの伝統野菜」、静岡の「静岡在来作物」などがそれである。

野菜の在来品種は、農家や大学の研究者がいくら熱心に保全活動を進めても、それだけでは実を結ばない。誰かが栽培し、栽培したものが消費される（つまり売れる）という流れができなければ、経済的に成り立たないからだ。農家が、その品種を保存することの意味をどれだけ深く理解しても、農業というなりわいを続けてゆけなければ何にもならない。

地域野菜で成功した事例をみると、どこもこの循環が確保できているところばかりだ。つまり、栽培する人がいて、調理する人がいて、そして食べる人がいて（栽―調―食）、それではじめて在来品種は生き残れるのである。

食されてきたダイコン

ダイコンは、日本ではもっともよく使われる野菜の一つである。

ダイコンが、どれほど日本人に利用されてきたかは、イザベラ・バードの『日本奥地紀行』にも明らかだ。そこでは旅の食についてもかなり詳しく記録されている。そして、そのなかでも詳しく述べられているのがダイコンであった。ただしバードはダイコンのことをあまり好意的には書いていない。とくに、タクアンと思われる漬物については「とてもひどい臭い」と、きわめて否定的な感想を述べている。

最近まで、ダイコンは多様な品種が栽培され食べられてきた。それらの多くはその土地独自の品種として、その土地に長く根付いてきた。二〇世紀のなかごろまで、多くの人びとはダイコンの品種がいっぱいあるなどということは知りもしなかった。自分の土地にあった品種がダイコンを代表していたにすぎない。

一九五八年に、東京―大阪間を六時間台でむすぶ電車特急は、日帰り可の意味で「こだま」と名づけられた。そしてわずか六年後には東海道新幹線が開通し、東京―大阪間は四時間に縮まった。七〇年の大阪万博をきっかけに高速道路網の整備が進んだ。それは物流にも変化を与え、野菜などでも産地の大規模化が進んだ。

ダイコンは、青首ダイコンという神奈川県三浦の一品種が、出回るダイコンの九割を超えるまでになった。長さなどが規格化しやすく、運びやすかったからである。ダイコンばかりではなく、多くの野菜についても特定の品種の寡占化が進んだ。いや野菜ばかりか、イネ（米）についても同じである。一九七九年、それまで栽培面積の一位だった「日本晴」を、コシヒカリが抜いた。以後四〇年にわたり、コシヒカリは栽培面積一位を占めている。そして今では、その栽培面積は三〇パーセントを超えている。

同時に、特定品種の寡占化の反動で、各地の農産品が東京など都市部で注目され、出回るようになった。ちょうどこのころから「ディスカバー・ジャパン」というキャンペーンが始まり、地域への関心が高まりつつあった。ダイコンばかりか、「いろいろな野菜品種があある」ということに、社会が気づき始めたのである。

三、里海の食

海の魚の食文化

日本列島の人びとは、縄文時代から海の魚を食べてきた。青森県・三内丸山遺跡からはマグロやタイの骨が出土している。タイに至っては、体長が一メートルはあろうかという大物もあったようだ。魚だけではない。イルカも食されていた。石川県の真脇遺跡からはイルカの骨が多数出土している。ここに住んだ人びとがイルカを食べていたらしいことが確かめられたわけだ。

マグロやイルカのような大物を、どのようにして仕留めたかは大いに興味あるところだが、とにかくそれだけの海の生き物を食べていたことは確かである。海の魚介類は、その後も食べられてきた。あいにくと文字のない時代のこと、詳細な記録は望むべくもないが、断片的な情報をつなぎ合わせると、海の魚介類が盛んに利用されていたことは確かである。『魏志倭人伝』によれば、「末盧国」の人びとは海に潜って魚やアワビをとっていた。このアワビ、伊勢神宮の神饌《しんせん》にもしばしば登場し、干しアワビに加工されるなど、用途も多様である。

海の魚には、地域性を示す種が多い。全国の海で一律にとれる魚種はむしろまれである。よく知られているように、サケの漁獲の県別トップ一〇はほぼ北日本に限られる。タイの漁獲量トップ一〇は西日本に偏る。こうした地域差は、日本海側と太平洋側にも求められるものがある。図７（１３２〜１３５ページ）では、日本海側でとれるサワラとタイ、太平洋側でとれるサバとカツオの県別漁獲高を示した。

南紀の海の食

海の食は魚食である。里海の食の一つの事例を、わたしの故郷である南紀一帯にみてみる。海とひとくちにいうが、磯もあれば砂浜もある。南紀は海岸がリアス式になっていて、磯が勝る里海の地域で、小さな半島と半島の間に湾が形成される複雑な地形をしている。湾に川が流れ込んでいるところでは、河口に平地ができて、そこに集落ができる。海には砂浜ができる。川が陸からミネラルを運んできて、湾内では小型の魚介が生息している。曜日を決めて、浜では「地引網」で魚をとっていた。

地引では、同じ魚種、同じサイズの魚がいつも決まった量をとれるなどということはない。わたしの生まれた村では、目立った魚たちは浜で売られたが、取引が一段落すると、残りは村に一軒きりの食料品店にもち込まれた。

それらの魚が店にやって来ると、店や近所の飼い猫たちもそわそわしはじめる。お目当ては、加工の際に出た魚の頭や骨など、捨てられる部分であった。それらが路傍に投げられると、猫たちがいっせいにとびかかる。こうなると、店の商品である、昨日とれた魚の切り身などには目もくれない。「猫またぎ」というのは本当だった。ほかには何もない土地であったが、魚の鮮度だけはよそには負けていなかったと思う。

磯では、季節に応じてトコブシやサザエなどの貝類や伊勢エビなどがとれた。スガイ（酢貝）と呼ばれる小型の巻貝は、磯のどこにでもいた。これらをとってきて塩茹でにしたり煮たりして、日常的に食べていた。古座湾でとれるウツボは佃煮にされる。

この地域の海の幸のもう一つがクジラである。とくに、古座や太地には江戸時代からクジラ漁の伝統があった。クジラ漁は勇猛果敢な漁法で、江戸の火消しのような、職業としての花形のような側面もあったのだろう。しかしそれだけではない。クジラは身体が大きいうえ、大食である。一頭が湾内に入ってくるだけで、小型の魚を大量に食べてしまう。クジラはその意味で一種の害獣だったのだ。今ではクジラの消費はこの地域でも冷え込んでおり、その捕獲には内外からの批判もあるが、かつては間違いなく人びとの食といのちを守る意味もあったものと思われる。

平野が少なく、米や野菜は十分にはとれなかった。日常の食（ケの食）では、米はオオムギやサツマイモなどを混ぜるいわゆる「かて飯」が普通であった。この地域では、糖質＝サツマイモでもあった。白い飯を食べるのは、ハレの日だけ。それもほぼ正月などに限られた。

ハレの日には、米はしばしば寿司にされた。冬、とくに正月ごろにはサンマの寿司がつくられた。この季節ならではの秋落ちのサンマを開いてワタと背骨をとり、軽く酢に漬けて薄皮をむく。頭はとることもあれば、家によってはつけたままにして姿寿司にすることもある。飯は酢飯だが、酢の代わりにユズ、またはダイダイの搾り汁を使った。米酢に混ぜて使うこともあった。

米が貴重品だったことは、こういうところにも表れている。発酵させた「なれずし」にするところもあったが、このサンマ寿司は、大晦日につくれば人日の節供（一月七日）くらいまではもったので、熊野修験の行者たちの食に使われていたのかもしれない。

もう一つ、この地域の地域食に、「めはり寿司」がある。塩漬けにしたタカナの葉一枚で握り飯を巻いた「おにぎり」で、おとなの握りこぶし程度の大きさがあったように記憶している。今も観光客用のレストランなどで提供されているが、それらは昔のものに比べるとずっと小さい。葉の根元（軸）の部分は硬いが、この部分は細かく刻んで握り飯の芯にしたり、ご飯に混ぜて握ったりしていた。めはり寿司は、山仕事をする人や沖で働く人など、肉体労働者の弁当にされていたといわれている。そういうこともあったかもしれないが、いっぽうで、めはり寿司は白い飯を食べられるハレの日の食でもあった。

山ではユズやダイダイを植えていた。米酢が貴重品であったことと、この地域が昔から柑橘の産地であったことが、このような調理法を生んだ理由なのであろう。

浜の魚食文化

海は磯海ばかりではない。浜もまた、里海の一部である。現代の日本で浜というと、多くの人が湘南海岸や須磨の浦など、いわゆるビーチを思い起こす。

現代日本では、イメージの上では浜はもはや食料生産の場ではなくなっている。けれどもそれは主に江戸時代以降に進んだ沿岸地域の新田開発、さらにはその後の工業地化が、浜の環境を大きく変えてしまったからである。今の「浜」を見て昔と同じだと考えれば、大きな間違いを犯すことになるだろう。

日本地図を見てみよう。日本列島には砂浜がずっと続くところがいくつもある。砂浜は、川によって山から運ばれた砂が潮の流れによって堆積することで形成されるが、その陸側にはしばしば潟湖《せきこ》が形成された。潟湖は海に開口した部分で海水と淡水がまじりあった汽水をたたえ、多様な生物が生息する生態系をつくっていた。

島根県の宍道湖や中海には「宍道湖七珍」と呼ばれる海の幸があった。今や全国区となったシジミのほか、スズキ、コイ、シラウオ、ウナギ、モロゲエビ、ワカサギをいう。もっとも宍道湖の資源はこれ以外にも知られる。宍道湖をつくったのは中国山地から大量の土砂を運んだ斐伊川であったが、斐伊川の水が運んでくるミネラルがこれらの資源をはぐくんだ。

潮の流れの緩い内湾には、干潟もできた。干潟もまた多様な生き物の生きる環境であった。さまざまな貝、エビなど甲殻類の宝庫であったし、またそれらの小動物を狙って鳥類が訪れた。そしてそれらの生き物たちはその土地の名産品になっていた。

近代以降、砂浜や潟湖、干潟は大きくつくり替えられてきた。大都市の近くでは、これらの土地はどんどん埋め立てられ街ができていった。地方でも、水田が開かれていった。米不足を解消する目的だった。残った砂浜自体、河川の上流のダム建設などの理由から年ごとに痩せつつある。

四、ダイズがつくった和食――畑の肉

多岐に及ぶダイズ料理

ダイズは、畑の肉とも呼ばれるほどに高タンパクの食品である。栄養価などという言葉も概念もなかった時代から、人びとは恐らく経験的にダイズの重要さを知っていたのだろう。あるいは、「うま味」を知った人びとがダイズを重用したのかもしれない。

ダイズはその長い歴史を通じて、さまざまに使われ、加工され、食されてきた。ダイズがどのように使われてきたかを次に記そう。

ダイズの加工法には、茹でる、炒る、発酵させるの三つのカテゴリーがある。

(一) 茹でる料理。ダイズは高栄養ながら硬く、食べられるようにするには時間がかかる。硬い種子を柔らかくするために水を加えて時間をかけて熱する調理法が発達した。できたものは煮物として食べられることもあったが、よく茹でたダイズをすりつぶし、濾して豆乳にした。豆乳は、いわば、ダイズのエキスを抽出した「引き算の産

物」である。豆乳を搾りとった後の残渣は「おから」として食べられた。今では需要が減り、産業廃棄物として捨てられることも多いが、いかにももったいない。豆乳を平たい鍋に入れてゆっくり熱すると表面にタンパク質の薄膜が張る。これが湯葉で、生のままでも食べられるし、乾燥湯葉にすれば保存が利く。豆乳ににがりなどの凝固剤を入れて固めたのが豆腐である。豆腐をさらに加工することで、「揚げ」や「凍り豆腐」になった。完熟前のダイズをさやごと茹でたものが枝豆。

(二)　炒る料理。水を加えず加熱したものが「炒り豆」で、この周りに砂糖をコーティングしたものが豆菓子である。豆菓子も多様で、「三色豆」のような大量生産品から、「真盛豆《しんせいまめ》」のような特殊なものもある。また炒り豆は節分の日の豆まきにも使われた。よく炒ったダイズをミルで細かく粉砕したものが黄粉《きなこ》である。黄粉もまた応用範囲の広い食品で、黄粉餅に使われたほか、水あめと混ぜて「州浜」にした。

(三)　茹でたダイズは、やわらかく高栄養ではあるが日もちしない。そこで発酵の手段が取り入れられた。麹菌で発酵させたのが味噌と醤油だ。味噌にはダイズと塩のほか副原料としてオオムギや米を加えたものがある。また、ダイズと塩だけでつくられた豆味噌も、東海地方を中心につくられてきた。豆味噌に似た食品に、大徳寺納豆、一休寺納豆、浜(名)納豆などの食品もある。ダイズとコムギと塩でできているのが醤油である。醤油は日本を代表する調味料で、今や世界中の食に使われている。さらに納豆菌で発酵させたものが納豆である。醤油には大手の生産者がみられるが、味噌と納豆にはそれほど大きな企業は少なく、その分、地域性が色濃く残されている。

このようにして、ダイズは日本列島の食、和食になくてはならない存在になった。文字どおり「米とダイズの百変化」である。タンパク質源に乏しかった日本列島にあって、ダイズは魚と並んで貴重なタンパク源であった。

和食は、米とダイズと魚がつくった食の文化なのである。そして、このようなダイズ料理は一日にしてできたものでも、またどこか一か所でできたものでもない。ダイズは、長い時間と、多くの人の努力によって、和食の根幹をなしたのだ。

災害で変わった江戸の味噌

二〇世紀の初めころまで、江戸の味噌は「江戸甘味噌」という甘い味噌が主流であった。米の割合が相対的に多かったからである。一般に米味噌は貯蔵期間が短い。その逆でダイズのウエイトが高い味噌は貯蔵期間が長くなる。

例えば、京都の白味噌は一〇日から二週間で出荷されるのに対して、愛知県岡崎の八丁味噌は「二夏を越して出荷」される。熟成の期間が長ければそれだけ広い倉庫が必要になる。東京など大都市での味噌蔵にとって、広い倉庫をもつというのは経営上の負担になる。反対に米のウェイトが高い米味噌ならば倉庫の面積は少なくて済む。「江戸の甘味噌」もまた、そうした特徴をもっていた。

ところが一九二三年に関東大震災が発生する。震災は東京の街を徹底的に破壊した。味噌蔵も壊滅的な打撃を受けた。そこで、越後と信州の味噌蔵が東京の支援をした。とくに信州味噌の果たした役割が大きかった。信州の味噌業界は、業界を挙げて東京に進出し、そこでの味噌の生産を始めたのである。それでも江戸甘味噌は次第に復興して、第二次世界大戦前までには、関東大震災前に消費された半分にまでシェアが回復したという。

しかし、災難は繰り返し襲いくる。次なる「悲劇」が江戸甘味噌を襲った。第二次世界大戦の勃発で、米を味噌に使うことが禁止されたのである。米は、戦地に送るための貴重な兵糧である。「ぜいたくは敵」ということだった。

戦争は一九四五年に終結を迎えたが、その後もしばらく米の絶対的な不足は続いた。米の供給にめどがついたのは、おそらく一九五〇年ころのことだろう。米の統制から一〇年がたっていた。そしてこの一〇年の間に、東京市民の舌は、ダイズのウエイトの高い信州味噌のような味噌の味に慣れていった。甘味噌への回帰は起こらなかった。

東京の味噌は、これ以来、塩分とダイズのウエイトの高い味噌へと変貌してゆくのである。同時に信州の味噌は、その経営の規模を大きくしてゆく。大災害が食文化を大きく変えた例の一つといえよう。

どうなる国産ダイズ

このように和食を支えるダイズであるが、現在は、ダイズの主産地が米国とブラジルであることをご存じだろうか。どちらも超がつく大規模生産方式をとっており、環境負荷への懸念が年々高まっている。とくにブラジルでは、アマゾンの森を切って新たな畑が開かれているともいわれている。また米国のダイズは、そのほとんどが遺伝子組換えダイズである。こうしたことから、消費者の輸入ダイズへの不信は半ば固定したかの感がある。

そうかといって、国内産のダイズの生産は増える兆しはない。最大の課題は価格と、ダイズ農家の後継者問題である。まず、ダイズの生産価格はとても安い。海外から安価なものが来るわけだから、価格を上げるのは至難である。しかも、単位面積当たりの生産量も低い。

加えて、採れる年と採れない年の差が大きい。採れるといっても、例えば、京都府下では一ヘクタール当たりの取れ高はせいぜい二・五トンどまりである。これは明治初年ころの米の生産量と大して変わらない。これでは後継者も育たない。だから、国内産ダイズをというのならば、まずこの点を改善しなければならない。

京都のダイズの流通をほぼ一手に引き受ける北尾吉三郎商店の北尾幸吉雄社長は、こうした状況を少しでも打開しようと、自らダイズ生産に乗り出した。広大な農地を入手し、ダイズ、コムギ、米を輪作しながら二つの品種のダイズを栽培している。それでも、取り扱う国内産のダイズの比率は全体の四割程度という。国内全体のダイズ自給率はせいぜい一〇パーセント程度だから、この数字は驚異的に高いといえるが、将来のことを考えると決して安心できる数字ではない。

日本は今、国内で消費する食料をどのようにして供給してゆくか、そのことを真剣に考えるべき時に来ている。

五、山と海をつなぐ

塩の道

塩分は控えめに。お医者さんにそう言われている人も多いだろう。しかし、塩（食塩）は人間の生存に必須の物質である。摂りすぎは問題があるにしても、人類は塩なしでは生きてはゆけない。

流通と分業が進み、欲しいものはネット通販で何でも手に入る現代とは異なり、必要な物資は対面で、場合によっては物々交換で入手するしかない時代が長く続いた。運ばれてくる塩は生存に欠かせない物資だったので、「塩の道」の上にある集落ではさまざまな物資が交換対象になった。塩の道がほかの街道と交差するところには人が集まり、そこに市が立った。

塩の道は世界の各地にあった。ユーラシア大陸の内部には地下に分厚い塩の層があるところがあり、地下の塩は硬い岩石のようになり（岩塩）、人びとはそれを掘り出して食塩として使ってきた。岩塩を産する土地には多くの人が集まり、街ができた。街は、塩の交易により富を蓄え、都市に発展した。塩の街からは、岩塩を運ぶ交易路が延びていった。ドイツ国境に近いオーストリアのザルツブルグは、そのようにしてできた都市の一つである。それほどまでに塩は、人類はじめ動物の生存には欠かせない物資であった。

日本列島の内陸部に岩塩はなく、塩の生産地は海沿いの土地に限られた。海沿いの塩場から内陸に向かって、幾筋もの塩の道ができた。

とくに、日本最大の内陸県である長野県には幾筋もの塩の道が通っていた。新潟県糸魚川から松本に達した千国《ちくに》街道、静岡県の相良《さがら》の城下から秋葉山を通って塩尻に達する秋葉街道、岡崎市（一説には名古屋市）から足助、伊那を通って塩尻に達する三州街道などがその代表だろう。

秋葉街道の途中に、秋葉山がある。古くから信仰の山で、とくに江戸時代の末期には「伊勢参りか秋葉参りか」というほどに栄えたという。なかでも天狗の信仰はずいぶん古かったようで、山頂近くには日本最大の天狗の面がある。秋葉山を起点に、秋葉街道とは直角に東に延びる、本川根《ほんかわね》を通って駿府に至る街道があった。この道に沿った稜線上には縄文時代の遺跡が列状に並んでいる。

塩の道とはいうものの、この道はもちろん、塩だけを運んだのではない。反対に山からは、さまざまな山のものが海に運ばれた。食べ物ばかりではない。水銀などの鉱物、木工品などが含まれた。

秋葉街道沿いにあるいくつかの縄文時代の遺跡からは、長野県の諏訪湖産の黒曜石が出土している。ということは、諏訪湖一帯はこの時代すでに太平洋とつながっていたことになる。長野県は、縄文時代の中期には人口密度の高い地域の一つであった。縄文人たちも塩を必要としていたに違いない。塩の道は縄文時代以来の道であった可能性がある。

サバ街道

塩は、塩として運ばれたわけではなかった。古い時代には、海藻が運ばれた。それを焼けば塩がとれた。藻塩《もしお》の語はこれに由来する。海水を煮詰めて塩をとる製塩土器が登場するのは、おそらくは古墳時代以降のことだ。『古事記』には、等乃伎神社（今の大阪府高石市富木）にあった巨樹を切ってつくった舟が朽ちたので、それを焼いて海水を煮詰めて塩にしたと書かれている。

のちの時代になると塩は、塩単独ではなく、塩漬け・塩詰めされた食品として運ばれた。なかでも海の魚が塩漬けにされて内陸に運ばれた。その代表的なものが塩鮭や塩鯖であろう。京都も塩鯖を重用した街の一つで、これを鯖寿司にしてハレの日のごちそうにした。

塩鯖には、おもには福井県の小浜に上がったサバが運ばれた。サバはその場で解体されて塩をして竹のかごに詰め、リレー式で運ばれた。山を越えて滋賀県に入り、比良山系の朽木《くちき》から京都市北部に達し、大原を経て京都市内に運ばれた。その距離およそ一八里、約七〇キロメートルであった。

大阪に運ばれたサバもあった。兵庫県の香住漁港に上がったサバは、篠山、三田を経て大阪に運ばれたが、途中の丹波は米どころでもあったので、道中にも有名な鯖寿司の店が何軒もある。なぜこんな山のなかに……。そのような場所にみられるのが鯖寿司の店の特徴である。

じつは近畿地方にはもう一つ、類似の魚の食品がある。先にも述べたが、南紀のサンマ寿司がそれである。秋落ちの、脂の落ちたサンマを開いて塩をし、薄皮を剝いて軽く酢を振って姿寿司にしたものである。酢には、米酢のほか、ユズの搾り汁を足すこともあった。

これは南紀の人びとのハレの日の寿司でもあったが、おそらく同時に熊野詣での人びとの弁当の役割も果たしていたのではなかろうか。

そのように考えると、柿の葉寿司とサンマ寿司の間には一つの接点ができる。柿の葉寿司の南限が、熊野古道に重なるのだ。どちらが古くからあったものかは不明だが、青魚に塩をして酢に漬ける共通項があることから、互いに影響し合ってできた食品であるのかもしれない。

もう一つのサバ街道

これまで、サバ街道といえばもっぱら若狭から京都や大阪への街道ばかりが注目を集めてきた。けれども、サバ街道はもっと広がりをもった街道だった。近畿地方だけを例にとっても、南紀から内陸部への街道、紀ノ川沿いに内陸に通じる街道などがある。

田村勇『サバの文化誌』(雄山閣、二〇〇二)には、熊野から奈良に至るサバ街道について書いている。熊野灘は、昔からサバの漁獲の多い土地であった。とくに南伊勢町の奈屋浦港は、二一世紀の初頭まで千葉県銚子、静岡県沼津、焼津に次ぐ日本第四位の水揚げを誇る港であったという。奈屋浦に限らず、あたりはサバの漁場であった。このサバの一部が、塩をして奈良県の宇陀地方に運ばれていたというのだ。

このルートは、今では険しい山中の辺鄙な廃道のような道ではあるが、じつは、熊野灘から奈良に至る最短の経路である。加えてルートの一部はかつて和歌山街道と呼ばれた街道を通っている。この道は、一部は今の国道166号線に沿っているが、「和歌山街道」という呼び方は三重側のもので、和歌山では伊勢街道と呼ばれた。

なお、この道のすぐ北の山ぞいには中央構造線がはしる。秋葉街道といい、伊勢街道といい、中央構造線沿いにはなぜか塩の道が通う。さらにこの線上にはいくつもの宗教施設がおかれている。街道と中央構造線との関係はさらに究められてよい。サバ街道は塩の道である。この街道のほかにも、熊野川河口の街、新宮を出て十津川村を通り奈良県五条に出る街道もあった。この街道の一部は、いわゆる熊野古道に一致している。

奈良の鯖寿司といえば「柿の葉寿司」が思い起こされる。柿の葉寿司は文字どおりサバの切り身と一口大の寿司飯（寿司飯でないこともある）を柿の葉で巻いたものである。柿の葉寿司の起源には定説はないが、一説には、和歌山市付近の漁民がとったサバに塩をし、紀ノ川をさかのぼって五条方面に伝えたものとある。

柿の葉で巻くようになった経緯はともかく、塩鯖が、いろいろな方向から内陸に伝えられたことは確かである。サバもサンマもどちらも青魚であるが、紀伊半島の山中で、それらを寿司にするという文化が育ったのは興味深い。

甲府の「煮貝」

魚の塩蔵という文脈からは、甲府の「煮貝」も忘れることのできない食品の一つだろう。アワビを殻から外して醬油で煮びたしにしたもので、保存食である。

由来は、『聞き書 山梨の食事』（農文協、一九九〇）によれば、静岡県沼津の魚問屋が伊豆七島産のアワビを醬油で煮て樽に詰めたものを甲府に運んだのが最初とされる。江戸時代末期のことという。それを藩の役人や旅人が江戸にもち込み、「甲州名物」として人気を博したことで甲州の名産品になったようだ。醬油漬けではあるが、塩蔵と同様の保存効果が期待できた。煮貝は、おそらくは運搬に相当の時間を要し、その間に塩味が染みこんで熟成したと考えられる。

煮貝の道は、沼津から駿河湾沿いを吉原まで進み、そこから愛鷹山と富士山の西麓を北上し、いわゆる中道往還(右左口路《うばぐちじ》)を通って甲府に達した。右左口に達するまでの道筋もほぼ明らかにされていて、吉原を出ると、ほぼ今の国道139号線にそって本栖湖畔に抜けていた。また、国道139号線の白糸の滝付近から河口湖方面に抜ける若彦路という道もあった。どちらも、沼津から甲府までは一日半の距離であったという。

煮貝はアワビでつくられるが、アワビは今も昔も高級品である。アワビは古くから身を薄く削いで乾燥させて熨斗《のし》につくられ、伊勢神宮はじめ神社に奉納されてきた。このことからもわかるように、アワビは特殊な食材である。アワビに代わって、これと似たトコブシを使った製品も出ている。トコブシはアワビに比べて小型で身が柔らかい。

塩をした魚は、ほかにも多数ある。高温多湿でものが腐りやすい風土にあって、塩で保存処理した魚は何ものにも代えがたい貴重な食品であったに相違ない。

第8章

武家・貴族・商人の食

一、公家社会の食

京の公家社会

公家社会も武家社会も、今の日本にはもはや存在しない。京都の街を歩いていても、公家たちが乗る牛車をみかけることも、刀を差した武士をみかけることもない。かつては天皇の居所であった御所も、今では空っぽである。

だが、街の隅々をよくよく眺めてみると、京の街には公家社会の片鱗がそこここに残されている。ちょっと注意深く観察すると、武家社会の名残もみえてくる。食の文化についてもそうである。

市街地の北の端あたり、「下鴨本通北山」の交差点近くにある和菓子店「川端道喜」も、室町時代ころからある店である。店の位置は時代により動いているが、暖簾の古さはそれくらいあるのだと、店に伝わる縁起は記す。

こんな話も残る。天皇がおられた御所に、通称「道喜門」と呼ばれる通用門がある。御用聞きの商人たちが、ここを通って御所のなかに入って届け物をし、用事を済ませた、その出入り口だというのである。この「道喜」の名は、むろんこの川端道喜、その人。つまり、道喜さんはこの時代から、菓子を宮中に届けていたということなのだ。

川端道喜が、一六世紀から天皇が東京に遷るまでのおよそ三五〇年間、欠かすことなく続けたのが、「御朝のもの」の配達であったという。御朝のものとは朝食のことで、今のおはぎのようなものだったらしいと、店主の川端知嘉子さんは言っている。

ただし、おはぎとはいうものの、砂糖のない時代のことで、アズキの餡は塩味だったようだ。甘いおはぎに慣れたわたしたち現代人には想像のつかない味であるが、これをつくって試食したことのある川端さんによれば、素朴な味で、これならば毎日でも食べられると感じたという。そういえば、今の赤飯はもち米の飯に茹でたアズキをまぜ、ごま塩で食べる。

ほかにもまだ、公家文化の影響が残る食文化がある。その一つが節供の食である。のちにも触れるが、端午の節供を祝う菓子として、京都では粽が重用される。武家の菓子である柏餅はあまり重視されない。毎年六月三〇日にとりおこなわれる「夏越の祓」の習慣は、いまだに街中に息づいていて、その数日前から神社などには「茅の輪」が設置される。年の後半の無病息災を祈って「水無月」を食べる市民も多い。

端午の節供に限らず、五つの節供（五節供）の食は、公家のハレの食の一つで、今も京の（あるいは全国の）食文化として息づいている。人日の節供（一月七日）の七草がゆ、桃の節供（三月三日）の白酒や菱餅、七夕《しちせき》（七月七日）の甘酒や素麵、そして重陽の節供（九月九日）には、菊酒や栗ご飯で祝う。五節供の思想や習慣はもともと中国の陰陽五行説によるものだが、日本の宮廷社会にもちこまれてからは少しずつ日本社会になじみ、社会にも広まっていった。

庖丁式の伝統

西陣と呼ばれる、かつては織物をはじめとする繊維産業の中核だったところがある。その一角に「萬亀楼」と呼ばれる料亭がある。料亭としての歴史もあるのだが、この店の店主、小西さんは、「生間流式庖丁」の三〇代目のご当主でもおられる。特別にお願いして正装のいでたちでまな板の前に立ち、式庖丁と真菜箸で、鯉や鳥をさばいていただいた。むろん食材は食べられるものだ。というか、これらの食材は今では超がつく高級食材である。

庖丁式の「こころ」は、調理にあたり、まな板に載った食材には一切手を触れないところにある。食べる人への心づかいが、そこにはあるのだという。庖丁式の庖丁は、室町時代ころからのものである。また、店に残る史料も、正式の年代はわからないものの、やはり同じくらい古いものとされる。つまり、庖丁式のやり方やその文化は、室町時代の朝廷儀式そのものが伝えられているのだ。

小西さんが身につける衣装も室町時代につくられたものではない。今の職人たちが、当時のやり方に倣ってつくったものである。しかしそれでも、つくり方や材料の調達には、できうる限りの伝統の保持が求められる。

公家の社会では、こうした伝統の維持を「有職故実《ゆうそくこじつ》」という。このような伝統は、やはり京都に偏る。むろん京都の文化はいろいろな時代にさまざまな経緯で伝わったので、公家の文化は各地に残っている。庄内地方の酒田、鶴岡などに丸餅が伝わるのは、北前船の影響であろう。

身分の高い公家たちはといえば、「昼は二時間、夜は三時間かけて食事をしていた」ともいわれる。むろんそこには多少の誇張があるかもしれないが、さもありなん、と思われる話でもある。しかも彼らはあまり運動をしなかったといわれる。これも確たる証拠があるわけではないが、歌を詠み、談議に加わり、たまに出かけるにも牛車を使うので身体はほとんど使わず、といった日々で、運動量は少なかったことが想像される。

とすれば、彼らがしっかりと食事をしていたとも思われない。どちらかといえば薄味を好んでいたともいわれるが、それも日ごろの運動不足が関係しているのかもしれない。

二、武家社会の食

武家の時代

　和食を考えるにあたって歴史をみる視点は欠かせない。日本各地の食をつぶさにみてゆくと、これらの伝統が今なお地域の食に色濃く影響している事例がみられる。言い換えれば、時間的な多様性である。

　武士が登場し、その影響が無視できないほど大きくなってきたのが一〇〇〇年ほど前の平安時代から鎌倉時代にかけてのことである。それが、武士が政権をとり政治の中心に座ったことで、政治のもう一つの舞台が東日本に登場した。それ以来、にわかづくりの首都鎌倉と京という二つの中心の間には交流が生まれ、人とものの移動が活発になった。東海道のおこりである。そして二つの舞台（中心）ができたことで、日本には、いろいろな分野に二つの中心ができた。国家と国土、権力と権威、聖と俗などに「二つの中心」ができ、それらが相互作用しあって日本とその文化ができていると説いたのが、「楕円の日本」論である。公家の食と武家の食も、そうした関係にあるといってよい。

この武家の時代、先にも触れたが、一二世紀の末期から一九世紀後半までの七〇〇年足らずの時代は、全地球的にみてやや寒冷で乾燥の時代であった。とくに後半期には、ユーラシア大陸の中央部も乾燥が極度に進み、マルコ・ポーロの時代には内陸を通っていた東西交易路はすたれ、代わって海のシルクロードが交易の中心になった。「南蛮貿易」のおこりは、その結果でもある。日本列島でも、この時期は低温と乾燥の時代だったようだ。生産力は停滞した。その代わりにさまざまな農業技術が開発され、生産は――大きく伸びはしなかったものの――大きな低下も免れた。

武家は、その歴史を通じてさまざまな文化をつくり上げた。むろん食文化もそれに含まれる。武家の時代に中国から伝わった禅宗は、彼らの思想の体系をつくり上げるのに貢献した。精進料理やその素材もそれに含まれる。精進料理の系譜は、修験道やさらに古くから列島に脈々と続く伝統文化の一つである。禅宗は、それを体系化する役割を担った。

武家の食文化

武家文化といえばやはり質素倹約の精神だろう。そしてその精神を支えたものは、公家社会への反発もあっただろうが、なんといっても東国という土地がらと、乾燥冷涼だった環境が関係していると思われる。もともと東日本は米づくりに適した環境下にはなかった。

比較的温暖な東海地方でさえ、稲作に向いた土地は少なかった。武家たちが京へ京へと駒を進めたがったその背景には、むろん都に上るという意図もあったのだろうが、西日本の米産地へのあこがれがあったのだと思われる。

武家の暮らしのもう一つの特徴は、彼らの労働の中心が肉体労働だったことだろうか。この時代のとくに初期には、職業軍人はほとんどなく、兵士の中心は普段は農村にいて農業に従事していた。米を含む穀類、味噌、鳥獣の肉などが食べられていたようだ。刀剣類は武器であると同時に、鳥獣の狩猟の道具でもあった。狩猟は戦闘の訓練にも通じていた。江戸時代の中期以降、日本社会はシカやイノシシなど野生動物の肉を含めて肉食をしなくなっていたが、その背景には秀吉の刀狩りと一七世紀後半の「生類憐みの令」があったといわれる。

戦国時代は、末期の大規模な戦闘の時代を別とすれば、この時代の戦争には季節があった。つまり、戦いは秋の稲刈り終了後、農閑期におこなわれた。農繁期に戦闘などしようものなら国の経済力は大きくそがれ衰退につながる。できることは、一日も早く収穫を終えて戦争の準備をすることだった。

戦争になると、まずは兵站《へいたん》を整える必要があった。派遣する戦力を支えるだけの食料が必要である。もち運びが利き、しかもかなりの時間の保存が必要である。飯も炊き立てというわけにはゆかない。冬ならば握り飯が少しの間ならばもった。餅はもう少し日もちがした。さらにもたせるにはこわ飯を糒《ほしいい》などにすることもあった。戦争が、食料の運搬や保存技術の開発につながるのは古今東西変わらない。

タンパク質に富む保存食として、味噌がよく使われた。味噌づくりには多量の食塩を使用するので、味噌を摂ればタンパク質も塩も摂れた。味噌を染みこませた芋がら（ずいき、ともいう）を、笠のあご紐や荷物を縛る紐に使った「芋がら縄」は、戦時には優れたインスタント食品に早変わりした。

茹でたダイズに納豆菌（枯草菌の仲間）を加えてつくる納豆も高タンパクの保存食である。京都市の北部にある京北《けいほく》地区には、これを餅でくるんだ「納豆餅」と呼ばれる食べものがある。一説によると、これは明智光秀の発明品だという。これも、冬ならばしばらくは保存が利きそうだ。戦争に備えた特別の日の食文化が武家の食文化だということもできよう。智将といわれた光秀のいかにも考えそうなことではある。

武家文化が発達した東海地方

武家の食文化の特徴を今に色濃く残すのが、東海地方や甲信越地方である。東海地方はその昔、東から伊豆（豆州）、駿河（駿州）、遠江（遠州）、三河（三州）、尾張（尾州）と続き、そして美濃（美州）へと達した。

むろん領地や国境、さらに支配者は時代により替わったが、これらの地域が数百年にわたり武家の支配を受けたことに変わりはない。その影響は今なお地域の固有性として残り続けている。

伊豆は、鎌倉幕府の執権として力をふるった北条氏の本拠地である。駿河は、今川氏や晩年の徳川家康が本拠地とした地域で、その中心地が今の静岡（駿府）である。遠州は、若き家康が暮らした地で中心は浜松、三河は今の愛知県東部にあたり本拠地は岡崎、そして尾張の中心地はいわずと知れた名古屋である。美濃は、斎藤家や織田家の拠点として岐阜の街が発展したが、当初から京への通過点としても重要な土地であった。

武家文化を代表する食品として、先にも書いた味噌をまずあげておこう。そして東海地方の味噌の特徴は、三河を中心に豆味噌が卓越していることだろう。旧三河の国の本拠地であった岡崎には、今も豆味噌の老舗が残されている。岡崎市付近は地図上では濃尾平野の一角を占めるが、細かくみれば微高地（台地）と低地が入り交じる複雑な地形をしており、米づくりにはあまり適した土地ではなかった。低地ならば水がありそうなものだが、低地は矢作川の洪水の常発地帯で安定的な稲作には不向きだった。いっぽう微高地は水が足りずやはり稲作には不向きであった。なにしろこの地は、幕末から明治時代にかけて整備された明治用水ができるまでは、稲作には適さない土地だったのである。

いっぽうダイズは「畑の肉」といわれるほどに高タンパクで、タンパク質が不足しがちだった日本列島の食にあって、それを補う救世主のような作物だった。加えてダイズは、ほかのマメ科植物と同じく窒素固定能力をもち、化学肥料のなかった時代にあっては作物に窒素肥料分をもたらす、やはり救世主のような存在である。

豆味噌は、蒸すか茹でるかしたダイズに麹菌をつけ、塩水で調整してつくるダイズばかりの味噌で、その分、高タンパクの食品である。塩分もあって、塩の入手が困難であった内陸部の人びとにはまたとない食品でもあった。

また、豆味噌の製造には年単位の時間がかかるが長期の保存に堪える。兵站としては最高の食品の一つであった。塩分が高いことから、戦闘を含む重労働にも向いていた。おなじ味噌のなかでも豆味噌は武家社会向きの味噌であったといえよう。今でこそ高塩分が健康に悪いなどといわれ、味噌にまで「減塩」の文字が躍るが、それはその気になればいくらでも食塩を手に入れることができる、今だからこそのことである。交通網が発達していなかった時代には、食塩を手に入れるためにあらゆる方策が講じられていたのである。

今の愛知県には、この豆味噌以外にもダイズの食文化は脈々と続いている。農林水産省の「うちの郷土料理」（愛知県版）をみても、選ばれた三〇の料理のなかには、「五平餅」

「味噌おでん」「ふな味噌」「味噌田楽」など豆味噌を使った味噌料理をはじめとするダイズ料理がずらりと並んでいる。また、「三〇選」には含まれていないが、とんかつソースに赤味噌を加えた「味噌カツ」も有名である。

なお余談めくが、豆味噌はシチューやハンバーグのソースの隠し味として使われることもある。豆味噌の原料であるダイズはグルタミン酸に富み、そのうま味がソースの濃厚さに影響しているのだろう。

遠州のダイズ文化

いっぽう、おなじく武家文化圏にあたる静岡県には、豆味噌をつくったり食べたりする文化はない。けれどもこれに似た食品がいくつかある。一つは浜松市の大福寺に残る「浜納豆」(あるいは浜名納豆)である。

つくり方はダイズを麹で発酵させたものに塩と水を加え仕込むもので、豆味噌のそれとよく似た食品である。京都にある「大徳寺納豆」もこれと大変よく似ている。もう一つは「金山寺納豆」と呼ばれる食品で、浜納豆と似ているが、県内でも駿河に近づくにつれて豆の比率が高くなるとともに、金山寺味噌の名で呼ばれるようになる(『聞き書 静岡の食事』農文協、一九八六)。

遠州の北部、信州南部（南信）や愛知県東部（三河）には、「柚餅子《ゆべし》」と呼ばれる保存食がある。ユズのなかをくりぬいてそこに味噌やクルミの実などをつめて茹で、紐で巻いて保存するもので、かつては旅の食にも使われたという。つまり遠州もまたダイズ文化の地域だということがわかる。

なお、京都の大徳寺納豆も浜納豆に似た食品である。これはその名のとおり大徳寺やその塔頭《たっちゅう》でつくられてきた。今では寺自身は納豆をつくってはいないようだが、代わりに近くの御用達の店につくらせているようだ。大徳寺は禅宗である臨済宗の寺院で、秀吉が信長の葬儀を営んだことでも有名だ。また茶の湯ともかかわりが深く、そのぶん武家文化とのかかわりも深かった。

武家の文化を代表する菓子として「柏餅」がある。端午の節供（五月五日）を祝う菓子の主なものに、すでに述べたが粽と柏餅がある。すこし大雑把な言い方をすれば、粽は公家社会の菓子、柏餅は武家社会の菓子である。実際、武家文化が栄えた東海地方は「粽」の空白地帯になっている。

むろん例外はある。遠州と駿州の境目の現藤枝市岡部というところに「朝比奈粽」と呼ばれる粽がある。粽という名称ながら、じつは灰汁（木を焼いてつくった灰。朝比奈粽ではツバキが使われたという）を水に溶いたところにもち米を一晩浸け、それを葉に包んで蒸したものという。

朝比奈一族が出陣の際、これを持参したところ、戦果があがったという伝説があるほか、徳川家康もこれを愛したようだ。朝比奈粽は、粽とはいえ武家に支持されたものであったといえよう。

茶と和菓子——武家と城下町の食文化

武家はよく茶を愛した。とくに、室町時代以降に花開いた茶の文化を支えたのは武家であったといって過言ではない。茶道を完成させたのは千利休であるといわれるが、その彼も信長、秀吉に仕えるなど武家との関係が深かった。

茶事で重視されるのは茶そのものだけではない。茶事を執りおこなう茶室や茶器にも注目が集まった。とくに茶器のなかには、小さな国と同じくらいの価値をもつものもあらわれ、大名のなかには茶器を集めるのに必死になる者もいた。

茶といえば和菓子である。和菓子が、茶事のお供だからだ。そしてよく、城下町は菓子がおいしいといわれる。「三大和菓子処」などといわれることもある京都、金沢、松江のうち金沢、松江は城下町で、古くからの和菓子が多い街として有名である。

ほかにも、和菓子のうまい城下町はたくさんあるが、それはかつての藩主のお茶へのこだわりと関係がありそうだ。といっても、すべての城下町が和菓子のうまい街とは限らない。殿様が茶事やその文化に長け、あるいは振興してきた街では、茶のお供ともいえる和菓子の製造が奨励された。殿様は、いきおい、菓匠たちを庇護することとなった。菓匠たちは殿様の庇護を受けて技を磨き、歴史を重ねて今に至る。そうした環境下では、和菓子づくりの職人の腕は向上したことだろう。そしてその伝統が今に伝わり、それでそれら城下町が菓子の街になったということのようだ。

茶事にかかわる和菓子には、主菓子（生菓子とも）と干菓子とがある。主菓子は茶席で提供する一期一会のオーダーメードのものが多かった。大量につくって不特定多数に販売する方式には必ずしも適さない。その代わり、古い菓匠には過去につくられた菓子のデザインが絵として残されているところがいくつもある。いっぽう、干菓子は主菓子に比べれば保存も利くので、ある程度の大量生産、つくり置きができた。木型に砂糖、水あめや米粉などの粉を混ぜたものを硬く詰めて打ち抜いたもの（落雁などといわれる）はその代表で、土産物などにされている。

城下町の菓子が今に残るケースは全国にある。そこは玉井恵『城下町に銘菓あり――城を巡り、伝統の菓子を食す』（玄光社、二〇一四）などに詳しいので、それに譲ることにして話を先に進めよう。

江戸の武家の食文化

先にも述べたように、江戸では、また別の意味で武家の食文化が花開いた。

参勤交代でやってくる諸藩の侍たちのなかでも、身分の低いものたちは家族を任地に残し、単身江戸表に出てきた。

新しい街なので、あちこちで建設ラッシュが起きた。また、大火災がしばしば街を襲い、その復興工事の職人たちがひっきりなしに働いた。一説では、全人口の七割近くが男性であったといわれる。

これら男性陣の多くが、その食を今でいう外食や中食に頼ったのも無理からぬことであった。武家の生きざまというところではともかく、単身赴任という生活のスタイルや質素倹約という精神の部分が食生活に影響を与えたことは確かだろう。

江戸時代の武家の社会では、質素な食生活を送っていたようだ。むろん、ハレの日の食は贅を尽くすこともあっただろうが、日常の食はいたって簡素だったようだ。将軍といえども、――なかには美食家の将軍もいたにはいたが――おしなべて質素な食を受け入れていた。八代将軍吉宗にいたっては「飯、汁、それに三つのおかず」の一汁三菜であったというし、それさえも贅沢だと考えていたふしがある。一五代将軍慶喜の暮らしぶりを書いた徳川慶朝『徳川慶喜家の食卓』（文春文庫、二〇〇八）によると、慶喜は出された食に文句は言わないという教育を受けていたようだ。

町人にとっても事情はおなじであった。江戸の街は火災が多く、ここに将軍がいた二百六十年余りの間に一〇〇〇回を超える火災があったという。当然、幕府も防火には熱心でさまざまな政策が打ち出された。なかでも町人の長屋では、揚げ物が禁止されていたという。揚げ物に限らず調理そのものが推奨されず、町人は屋台などでの食事に頼るようになった。町人もまた、中食、外食が中心の食環境にあったのだ。

外食や中食が中心の食から、江戸市民の食は必然的に今でいうファストフード花盛りの食が多くなった。そば、天ぷら、握り寿司、ウナギの蒲焼きなどの屋台物も多く、この傾向に拍車をかけていたようだ。

三、戦と旅の食

戦が食を変えた

戦《いくさ》と旅とは、一見すると並び立たない関係にありそうだが、じつは食をめぐって共通項がある。両者はともに、新たな食のスタイルを生み出す原動力であった。旅のおこり、発達をもたらしたものは運ぶ生業だけではなかった。宗教行事にかかわるものや戦争が、旅の発達に大きく寄与した。

戦争は、すでに国家形成のころから、大きな人の移動をもたらした。ヘロドトスによれば、古代ペルシアのクセルクセス王のギリシア侵攻では一〇〇万人を超える軍勢が参戦したという。一〇〇万人という数には誇張が含まれているだろうが、この時代（紀元前五世紀）に、仮に万単位の軍勢を動かしたとすれば、その食をまかなう新たなシステムの開発があったはずである。

日本でも、古代国家の形成時は戦争の時代であった。伝説に語られる日本《やまと》武尊《たけるのみこと》は、景行天皇の命を受けて「東征」に着手する。神話上のことではあるが、おそらくこれに類することは版図《はんと》の拡大のためにおこなわれたのであろう。

　軍勢など詳細はむろんわからないが、日本武尊の軍勢はどのように食料を手に入れたのであろうか。大和王権の勢力の及ぶ範囲内では、それはそれほど困難なことではなかっただろう。しかし、いったん影響の及ばぬ土地に入ってからは、勢力圏から安定的に食料を補給し続けないと、戦争を続けることはおろか軍勢の維持それ自体が困難になる。軍隊の食べ物を確保する作業を兵站というが、東北地方への遠征ともなれば、兵站線も数百キロメートルの長さになる。戦争に要するエネルギーの相当部分が、この兵站に割かれるのだ。兵站の上手、下手が戦争の勝敗を決めるとさえいわれる。

　戦争が長期に及ぶと、屯田という手段がとられることもあった。屯田とは、平時には農業などに従事しつつ、いったん何かがあれば武器をとって戦う集団で、自国の勢力圏から拠点が点々と等間隔でおかれる。屯田の村をつなぐ線が兵站線で、遠征は、兵站線を延ばしながらおこなう。いずれにしても、遠征隊の食は、現地で調達できるとは限らない。むしろ敵地では食料の調達にはさまざまな妨害が入ると考えるべきである。だから、兵站のよしあしは戦果に直結するのだ。それだけに、戦時の食に対する構えは兵法の重要な要素であった。

　戦争に出かける兵士たちがもっていた携行食については比較的よく研究が進んでいる。

歴史学者の小和田哲男らによれば、兵士が携行していた食には、兵糧丸、糒、焼き飯、餅などがあったという。兵糧丸は、いっときの忍者ブームで脚光を浴びた戦時の食べ物で、穀類やマメの種子を粉にするなどしてうまく混ぜ合わせて固めたものである。これにゴマやマツの実などの脂質が加えられた。これは今でいう完全食品に近い。糒は、もち米のこわ飯などを乾燥させたもので、これもかなり長期の保存が利いた。食べるときは湯をかけるなどすればすぐに食べることができた。焼き飯は生の米を炒ったもので、これはそのままでも食べることができた。

こうした戦争の食は、栄養価の面で、あるいは食の安全という面で、知恵と工夫を重ねてつくり上げられてきた。その意味では地域性に乏しい食ともいえるが、戦争によって全国に広まったのだろう。

戦争が食のシステムをつくり替えた事情は、近代にあっても同様であった。今では当たり前となった缶詰や瓶詰は、第一次世界大戦時にドイツ軍が開発した兵糧食であった。戦争ではないが、宇宙開発にも宇宙食の開発が必須である。それは、たんに保存性がよいだけではなく、無重力というこれまで人類が体験したことのない環境下でのいわば非常食である。

遠征は、いつの時代も武器だけではなく、食の技術や文化の革新を伴ったのである。そして、日本社会が開発に力を入れてきたのが発酵を中心とする保存食であった。

食材を保存する方法

食べものの保全性を高めることは、人類にとって何百万年にも及ぶ一大関心事であった。どの集団にも、長年の経験と自然環境に裏打ちされた固有の方法があった。とにかく、食材は腐る。腐ったものは食べた者の健康を害し、あるいは致命的な後遺症を残し、最悪、死に至らしめる。流行が大規模になれば、社会全体が破滅することも決してまれではなかっただろう。

食材を保存する方法にはいくつかの決まったパターンがある。簡単にまとめてみると、乾燥、塩蔵、砂糖漬け、熱処理、発酵、燻製、密閉、薬剤処理などである（『食の人類史』佐藤、二〇一六）。それらのなかにもさらに細かな違いがある。熱処理における加熱と冷却の違い、発酵における菌種の違いなどがそれである。また、密閉についても、先述の缶詰、瓶詰のほか、現代ではプラスティックが多用されてその廃棄物が海などで深刻な環境汚染を引き起こしている。

日本のような湿潤な土地では、食品は放置すればすぐに腐るか黴《か》びるかする。乾燥は、その双方を防ぐ有効な方法である。対象となる食品は、植物性から動物性の食品まで多岐にわたる。糖質源としては、糒やかちぐり、餅などが重宝されたようだ。

糒は先にも書いたので省略するが、かちぐりは、クリとくに小粒のシバグリを乾燥させてつくる食品である。つくり方はいろいろだが、一番外側の茶色い皮（鬼皮）とその内側にある茶色く薄い皮（渋皮）を剝いたものである。現代では菓子に加工されてから食べられることが多いが、かつては生でも食べられた。口に入れておけば糖が少しずつ溶け出し、血糖値をある程度高く保つことができるのだろう。とくに戦国時代に兵糧としての価値が高かったのは、そのためと考えられる。

動物性の食品のなかでは、魚の「干物」が各地でつくられる。乾燥に要する時間は一晩から数日に及ぶものもある。

加熱は人類が発明した保存法のなかでは、最も古いものの一つであろう。熱を加えれば微生物は死滅するので、腐敗やカビを止められる。日本列島は、世界で最も早く土器を発明した地域に属し、おそらくは煮炊きが古くから発達した。ただし煮炊きは、冷めてしまえば再び腐敗やカビの危険が高まるので、効果はあくまで一過的である。

塩蔵もまた、よくみられる保存法である。食塩には殺菌のほか、脱水の力がある。それで微生物の繁殖を抑えたものと考えられる。食塩は、人間自身にとっても、生命維持に欠かせない物質であった。塩蔵された食品の運搬は、その食材を保存しつつ塩を運ぶのに役立った。日本列島の内陸部に岩塩はない。海でしか採れなかった食塩を運ぶ手段の一つが、この塩蔵であったといえる。

日本列島では微生物による発酵も発達した。発酵については本書でも随所で述べたのでここでは割愛する。

食品は、一つの方法だけでは長時間にわたる保存はできない。そこで、いくつもの方法を組み合わせた保存方法が編み出された。例えば鰹節などは、茹でる、乾燥、燻製、発酵を組み合わせた、高度に加工された食品である。ふなずしは、塩蔵したフナなどの魚を米とともに乳酸発酵させてつくる。

旅人の食

日本では、旅はいつごろから盛んになったのだろうか。宿場や茶屋などがおかれて旅人の食をまかなうようになったのは、中世の末から近世初頭にかけ、街道が整備されてからのことである。

その前まで、つまり中世の終わりころまで旅人は、自分で自分の食をまかなわねばならなかった。商売などで旅をする人びとの食は謎に包まれているが、物語などに残る「一宿一飯のもてなし」は、かなり一般的なことではなかったかと思われる。街道が整備され、宿もできた近世以降ならば旅はそれなりに安全なものになっていたであろうが、旅のシステムが整備されるまではたいへんだった。

泊まるところは、近くの家で「一宿一飯」を頼むか、さもなくば野宿するしかなかった。それも安全が保障されているわけでもなく、また山中では盗賊やオオカミなどに襲われる可能性もあった。旅に出るには、まず、何日分かの食を携行するしかなかった。あるいは、旅先で、寺院や一般の家庭に泊めてもらうこともあった。民俗学者の宮本常一も、山口県の大島での話として、旅人を自家に泊める風習が二〇世紀の初めころまであったとしている。「もてなし」は、村人にも、情報収集などさまざまなメリットがあったようだ。

中世以前の旅として重要であったのが宗教行為だ。後の時代に「修験道」として形を整えることになる原始的な山岳宗教は、すでに古代にはその萌芽がみられる。そして中世に入ると、そのネットワークは全国に及んでいた。

街道の食

戦国時代の後期になると街道が整備され、旅はしだいに盛んになっていった。街道沿いには宿場町がおかれ、旅人に泊まる場所と食事の場所が提供されるようになった。幕藩体制は農民などの移動を厳しく取り締まったが、講や伊勢参り、大山詣でのような宗教行事への参加は比較的楽だったようだ。

旅や旅先での食の様子は、例えば東海道ならば十返舎一九の『東海道中膝栗毛』などにもよく登場している。そのなかには、丸子の宿（静岡市駿河区丸子）の「とろろ汁」、同じく岡部の宿（静岡県藤枝市）近くの茶屋で販売されていた「瀬戸の染飯《そめいい》」が、当時の旅の食を髣髴《ほうふつ》とさせる。葛飾北斎の「藤枝（瀬戸染飯）」にも登場するこの瀬戸の染飯は、クチナシの実で黄色く色づけされた携行食であるが、染めるのはクチナシがもつ消炎、解熱などの効果を期待してのものという。

いっぽう、この地には「朝比奈粽」と呼ばれる粽が戦国時代から知られている。製法は鹿児島や庄内にある灰汁巻と同様で、あらかじめ木灰の灰汁に一晩浸けたもち米を蒸してつくる。強いアルカリの影響で米は溶け、また黄色を呈する。染飯の黄色は、ひょっとしてこの黄色にあやかったものではなかろうか。

日本社会には「詣でる」という文化がある。何かを奉納する、あるいは祖先の霊に供え物をするために神社仏閣に出向くことをいう。古代にも、先に書いた修験の活動があった。あまり移動しない公家たちも、いろいろな宗教施設に詣でることがあった。紀貫之の『土佐日記』のように、役人が京から任地へ、任地から京へと旅した記録が残されていることもある。

一般庶民も旅をした。移動が固く禁じられていたといわれる近世でも、生涯に何度か、「伊勢参り」「熊野詣で」に出かけることもあった。伊勢や熊野は全国から参詣客を集めたが、ほかにも、遠州の秋葉山、日向（現 宮崎県）の生目《いきめ》神社などの社寺仏閣のほか、出羽三山（山形県）、大山《だいせん》（鳥取県）、愛宕《あたご》山（京都府）、英彦山《ひこさん》（福岡県）などの山やまが霊験あらたかなパワースポットとして多くの信者、参詣者を集めた。

人出の多い神社仏閣の門前には、宿場や茶屋ができた。詣での旅人は、数百キロメートルの道のりを一か月もかけて歩いて目的地にたどり着いた。修験の道、巡礼の道である。江戸時代ころには、これらの修験の場のほか、伊勢神宮などの施設への詣でのために出かける人が大勢いたという。ハレの日の外食の始まりであった。そして、宿場や茶屋には、エネルギー補給のための餅や団子などが売られていたのである。

四、ハレとケの食——年中行事

ハレの日の食とは

ハレの日とは特別の日をいう。何かの記念日などがそれである。その「何か」は、正月、お盆、学校や地域の運動会のような公の行事のこともあれば、結婚記念日、誕生日など、もっぱら私的な行事のこともある。

冠婚葬祭のその日もまた、ハレの日である。ハレというと、何やら晴れがましい、祝い事の日（祝儀）ばかりを思うが、そうとは限らない。葬儀や命日などの不祝儀《ぶしゅうぎ》もまた、「特別の日」という意味でハレの日である。

わたしの子どものころ、運動会や遠足の日の弁当箱にはいつも巻き寿司が入っていた。母は南紀の生まれで、今になって考えれば、当地ではハレの日の食には決まって寿司が出た。冬には、サンマの寿司や、コンブ、またはノリで巻いた巻き寿司が出された。もっともそのことは全国各地であたりまえにみられたことのようだ。これらの学校行事が、地域に根差した行事でもあった時代の名残であろう。

雑煮とおせち

和食が世界遺産に登録されたとき注目を集めたのが雑煮である。これだけ食のグローバル化が進み、伝統が失われつつあるこの時代にあっても、多くの日本人が元日には雑煮を食べ、あるいは食べたいと思うことが注目されたというのである。年一回だけのことではあるが、雑煮はまさに日本人には心のよりどころとなる食だといってよい。

正月、とくにその三が日は日本社会には特別の日々であった。年が改まり、ほとんどの人が仕事を休み、元旦に雑煮を食べ、家族で初詣でに参るときだった。子どもたちはお年玉をもらうのが楽しみだった。ほとんどの店も閉店するので、三が日の食をあらかじめ確保する必要があり、おせちはそれに対する対策の一つでもあった。そしてその大半は家庭で手づくりされていた。それはまた、来訪する親戚や知り合いをもてなすための饗応《きようおう》の食でもあった。

おそらくここ半世紀足らずの間に、これらの正月の風景は一変したのではないかと感じる。現在も残っている習慣は、雑煮、おせち、初詣くらいのものだろうか。しかも、その初詣も伝統行事とは程遠くなり、おせちもまた洋風、中華風などが登場し、さらに自分でつくるものから買ってくるもの、ネット通販で買い入れるものへと変貌した。

そのなかで、雑煮は昔からの姿をよく今にとどめてきたものの一つだと思う。すでに述べたとおり、雑煮にははっきりした地域性があった。そしてこの地域性が、現代にいたるまでよく残されている。例えば、京の雑煮は白味噌仕立ての汁に焼かない丸餅を入れるが、この伝統は今もそうは変わらない。

節供の料理

全国一律のハレの日として、先の正月のほか、節供の日があげられる。節供は、もともとは中国の習慣だったものが朝廷に伝わり、それが一般社会にも普及したもので、今ではすっかり日本の伝統として定着している。正月（といっても、節供としては一月七日）の人日の節供、三月三日の桃の節供（あるいは上巳《じょうし》の節供）、五月五日の菖蒲の節供（端午の節供）、七月七日の七夕、そして九月九日の重陽の節供の五つがそれである。それぞれの節供を祝う食、菓子、酒がある。

上巳の節供では、菱餅が用意されることが多い。これが転じて、あられ、かき餅なども好んで食べられる。おもしろいのは、ひなまつりのあられ、「ひなあられ」と一口に言っても、関東と関西では、その「もの」が違っていることだ。

関東のそれは白やピンク色をした甘いあられをいうが、関西では醬油味の、つまり塩辛い茶色のそれをいう。ハマグリの吸い物を食べる地方も広範に分布する。酒は白酒あるいは濁り酒が出される。菓子は、京都では「ひちぎり」と呼ばれる、草餅の上に餡を載せたものが用意される。

端午の節供は、柏餅や粽が出される。酒は菖蒲の酒だろうか。なお第3章でも述べたが、柏餅や粽には大きな地域差があってみていても楽しい。それは節供という行事が先に伝わり、食はそのあとからついてきたものだからであろう。

七夕は、旧暦では夏の盛りにあたる。今ではこの日に食べるものとして素麵があげられるが、もとは唐菓子であった「さくべい」からきたものと言われる。なお、この時期は酒を醸すのが難しい時期で、七夕の酒はないようだ。代わって甘酒が出されることが多い。今でも甘酒を夏に楽しむことがあるが、それはこの時代の名残なのかもしれない。そしてこの季節の甘酒は、冷やして飲む甘酒である。

重陽の節供は菊の節供でもある。季節は秋で、栗ご飯を出す地方も多い。また、酒は菊花を散らした菊酒、菓子は団子、というのが共通項ではある。ただし団子も、西と東ではだいぶ異なる。関東の団子は丸い小さな団子をピラミッド型に積んで供えるが、関西のそれはサトイモの形をした団子に漉し餡を載せてつくる。

このように、節供という今では全国各地で広くみられる行事は、地域ごとに共通ではあるものの、その食の中身はというと、地域によりさまざまに違っていることに注目したい。

武家の饗応の膳

もう一つの「ハレ」の日の食として、武家のおもてなし、つまり饗応の膳をあげておきたい。武家は戦争を生業とする人びとであるかに考えられているが、そればかりではない。それ以上に重要だったのが外交であったという。

外交の場に食事（この場合、宴会といったほうがよい）が伴うのは、古今東西変わることがない。これが饗応の膳と呼ばれるものである。同じものを食べ、酒を酌み交わすことが、互いの信頼関係には何よりも大切だったのであろう。

招く側とすれば、客人に対する気持ちを表現するのが宴席での食ということになる。ゲストに対するその気持ちは同席する家臣にも伝わり、主君の客人に対する気持ちを推し量るのに使える。客人としても、主人が自分をどう見ているかが気になるところだろう。そのことが、宴席で出されるものに現れると考えるのは自然なことだ。

これほど重要なことであったので、饗応の膳の献立は詳細に記録された。そしてその記録の一部が今に伝わっている。ここではそのうちの一つ、織田信長が徳川家康を招いたときの饗応の膳について書いておこう。料理は本膳に始まる全部で五つの膳からなり、全部で二七種の料理が出された。今でいうデザートもあった。これには五種の菓子が出されたという。むろん、同伴者にも料理は出されたわけで、その準備は一大事であった。食材も多様で、かつ、野鳥のような貴重な食材が含まれた。

ケの食

いっぽう、ケの食の歴史の研究はあまり進んでいない。ハレの食と違って記録に乏しいからである。それでも、まったく記録がないわけではない。それらをつなぎ合わせることで、ケの食のあらましはおぼろげながら見えてくる。

それは、むろん時代により大きく違っていたではあろうが、おそらく、米（かて飯）と汁に野菜の煮物のようなものを基本とし、ときに魚などがつくいわゆる一汁一菜から一汁三菜のような様式が主であったのだろう。このスタイルは、おそらく、二〇世紀の中ごろまでずっと続いた。一九世紀の後半に入っていわゆる「洋食」や中華料理が外食として普及したが、最初はおそらく、ハレの日の食だった。

戦後しばらくして高度成長期に入ったころから、日本人のケの食には大きな変化が生じるようになる。最初はパン食の普及であっただろう。日常的にパンが食べられるようになったのだ。食パンの普及は、主婦を炊飯という作業から解放した。やがて外食産業が普及し、サラリーマンの食事が弁当から飯屋へ、レストランへと変貌してゆく。核家族化が進み女性の就労が増えると、家庭の食に、外食と中食が日常的に加わる。もはや一汁三菜のスタイルは衰退し、代わって大皿一枚で済む料理が普及していった。

第9章　はしっこの和食

一、南島の食文化

沖縄、泡盛の文化

ここまで、日本列島の中心部の食について書いてきた。けれど列島の周縁部には、周縁部ならではの食文化が育った。これを「はしっこの和食」ということにする。はしっこは、中央から距離があり、固有の文化がごく最近まで残されてきた。ここではそれについて書いておきたい。

日本では、酒といえばもっぱら清酒を意味したが、はしっこには焼酎の文化がある。その一つが泡盛である。沖縄でつくられる米の蒸留酒だが、定義上、「タイ米を使う」という要件がある。むろん今では国産の米を使う新たなタイプのものもあるが、「泡盛」を名乗るうえではあくまでタイ米を使うことが必要である。これを蒸し、黒麹菌またはその突然変異体である白麹菌で糖化し、それを単式蒸留したものである。

詳しいことは不明ながら、一六世紀ころに沖縄に伝わったのが最初であったようだ。その由来については二つの説がある。一つは中国の福建省あたりからというもので、そしてもう一つが今のタイ（当時のシャム）あたりからというものである。福建説の強みは、泡盛という語の語源とも関係している。「泡盛」とは「泡を盛る」という技法をさし、またこの技法が中国の雲南省あたりにもみられる。タイ説の強みは、その製法の類似性であろう。タイなど、東南アジアには今も米の蒸留酒がつくられる。原料は米が主体で、ときにはこれに廃糖蜜が加わる。廃糖蜜といわれると搾りかすのようでイメージが悪いが、要するに黒砂糖の粗糖のようなものである。米を麹で糖化してアルコール発酵させたものを蒸留してつくる。いわば米焼酎である。

タイでは、米の蒸留酒は「メコン」「ホントン」などの商品名で知られる。原料にはもち米が使われている。メコンには「タイ・ウイスキー」の別名があるが、もちろんこれはウイスキーではない。色が似ていることからウイスキーと呼ばれたのであろう。どちらも薄褐色の液体で、その色は糖蜜のせいだろう。独特の香りと甘みがあり、くせは強いがビールに比べるとずっと安いので、庶民の酒というイメージだ。

タイの地方を調査していた時、夕食時に飲むのはもっぱらビールだったが、同行した運転手はメコンの水割りを飲んでいた。むろん食後に車を運転するようなことはない。わたしもメコンの水割りを試してみたかったが、東南アジアでは生水は厳禁、氷もあきらめざるを得なかった。灼熱の大地での調査のあとだけに、冷えたビール以外選択肢はなかった。

ラオスにも「ラオ・ラオ」と呼ばれる米の焼酎がある。とくに辺境に行くと、村々でこれがつくられている。ラオ・ラオの主原料はもち米。ラオスの米の八五パーセントはもち米なので当然の帰結である。アルコール度数は、できたては五〇度にもなるが冷めれば四〇度前後に落ち着くようだ。わたしが見た古都ルアンパバーン郊外の村では、もち米を蒸して、冷まして餅麹をふりかけて二週間ほど醸した後、ドラム缶を改造した蒸留器で蒸留してつくっていた。

なお、ラオスにはもち米でつくる醸造酒、「ラオ・ハイ」もある。甕のなかで籾のまま醸したものである。飲むときに水を加え、節を抜いた竹筒をストロー代わりに飲む。これも勧められたが、同じ甕を他人と共有するわけで飲むのがためらわれた。

同じような蒸留酒はベトナムにもあった。首都のハノイ郊外のとある村でつくられた蒸留酒は無色透明で、泡盛に比べてなんとなく甘く感じられた。匂いもこころなしか甘い香りがした。やはりもち米が主原料で、収穫直後の秋にだけつくられる。その名前は、なんと「ウオッカ」。「メコン」をウイスキーと呼ぶのと同じ発想だろうか。ビールの空き瓶に詰めたものを数本買い求めたが、瓶にはラベルもないし、栓もビニールの切れ端を輪ゴムでとめただけのまったく不完全なものだった。これではとても日本まで運べない。そこで、ホテルで空のペットボトルを何本かもらい、これに詰めかえて輸入することにした。

このようにしてみると、泡盛の原型がタイなど東南アジアにあるという説にはとても魅力を感じる。いずれにしても泡盛は、数百年前に大陸から渡ってきたものであることに間違いない。「はしっこの和食」のなかには、このようなものが多い。

ここで泡盛に合わせてもう一つ、沖縄ならではの食について触れておこう。「豆腐よう」である。硬い琉球豆腐の水をさらに切り、蒸したもち米に赤麹《あかこうじ》を加えたものと泡盛とを合わせたたれに漬け込んでつくる食品で、いわば米とダイズとでできた食品といってよい。赤い色と独特の風味があり、チーズのような食感がくせになる。

サトイモ、サトウキビ、ブタ肉

沖縄や鹿児島県の奄美地方は、サトイモの文化圏でもある。グローバルな視点でいえば、ユーラシア大陸東岸の沿岸地域や島しょ国では糖質の供給源は北からアワ、キビ、ヒエなどの雑穀の地域、イネ（米）の地域、そしてサトイモなどの根栽類の地域となる。三つの地域は互いに重なり合っていて、日本列島の周辺では三者が混在している。沖縄・奄美は根栽のウエイトが相対的に高く「イモと魚」の地域の北限にあたる。

もう一つ、沖縄・奄美の現在の主要農作物はサトウキビである。それは少ないながらも国産の砂糖の原料であるとともに、生成過程でできた糖蜜などを使った「黒糖焼酎」の原料にもなる。また砂糖も、精製された白砂糖になる前の黒砂糖が、「黒糖」の名前で奄美地方や沖縄諸島の名産品として知られている。

那覇市の牧志《まきし》市場や土産物店には、黒砂糖がうずたかく積まれている。国産の砂糖としては、あと、香川県や徳島県の和三盆糖や、北海道で生産されるテンサイ糖などがあり、生産量はわずかながら存在感を示している。とくに和三盆は和菓子の世界では欠かすことのできない素材となっている。

沖縄・奄美では、魚とともにブタがタンパク源の重要な役割を占めてきた。現在、沖縄県のブタ肉の消費量は全国二〇位で、全国平均にも及ばないが、伝統的にはブタ肉は沖縄にはなくてはならない食材であった。なにしろ、「鳴き声以外はみんな食べる」といわれるくらい、捨てる部位はないのがブタという食材だといわれてきた。

『泡盛をめぐる沖縄の酒文化誌』(萩尾俊章、ボーダーインク、二〇二二)によれば、泡盛の製造過程で出る粕をブタに食わせ、ブタの排せつ物でサツマイモやサトウキビや野菜などをつくったという。泡盛の産業は、沖縄という地域でのちいさな循環の形成に一役買っていた。

二、今に残る採集・狩猟の文化

採集と狩猟は野蛮な文化か?

魚屋さんの店頭に、タイのサクが二つ並べられている。一方は「天然もの」でやや高い。もう一方は「養殖」と書かれていて、天然ものに比べて少しだけ安い。こうした場合、もちろん値段差にもよるが、多くの人が「天然もの」に手を出すという。「天然もののほうがよい」と思う人が多い。理由を尋ねると、

「自然のものだから」

「何となくしっくりこないから」

という、漠然たる答えもある。

「養殖ものは、餌などになにかよくないものが入っているかもしれないから」

「抗生物質がいけすに撒かれているから」

などの理由を挙げる人もいる。

料理の専門家にいわせると、味にかんしては養殖もののほうが上にくることが多いそう

だ。ばらつきも小さく、料理屋などでは使いやすいという。にもかかわらず一般の評価は養殖ものには厳しいことが多い。日本社会には、「自然のもの」へのあこがれが強く残っている。

植物性の食材でも「天然もの」のほうがありがたがられる傾向がある。値段も高い。採集や漁撈で得たもののほうが栽培や養殖でできたものより価値があるというわけだ。採集と、漁撈を含む狩猟は、縄文時代以来、今にまで続く伝統のなりわいである。もちろん、食べることに占めるこの生業の重要さは時代によっていろいろだ。縄文時代のように、食料確保のほとんどがこのなりわいによっていた時代もあれば、現代のように、主要な手段が農耕や牧畜に移っている時代もある。しかしどの時代にあっても、採集と狩猟にまったく頼らない社会は、古今東西どこにもない。

今では、これを積極的に楽しむ人びとが大勢いる。とくに、自然から切り離された生活を送る都市民のなかには、釣り、山菜採り、クリ拾い、キノコ狩りなどに興じる人びとがむしろ増えているといわれる。どうもヒトは本能的にこうした行為にあこがれをもつものであるらしい。あるいはひょっとして、生存には欠かせない行為なのかもしれない。そしてこのようにみてくると、採集・狩猟の文化が決して劣った文化ではないことがあらためてわかるだろう。採集にしても狩猟にしても、高度な知の集積を必要とするわけで、その文化は決して野蛮な文化などではない。そのことが日々の食生活にも息づいているのが、先の天然ものへの指向性であった。

タンパク源としての魚と野鳥

世界の五大陸の人類は、何らかのタンパク質を摂ってきた。あるおもしろい傾向がみてとれる。ユーラシア大陸の中央部からアフリカ北部の乾燥・半乾燥地帯と欧州を含む地域では、数千年のこの方、家畜、とくに群家畜といわれる大型の哺乳類のミルクや肉が使われてきた。

この地の人びとにとって、家畜は神が人間のためにつくり給うたものである。神さまがつくってくれたものを食べることは文明人の矜持《きょうじ》なのだ。糖質はコムギやジャガイモなどの作物。言葉を換えれば、人のいのちを支えるものは、自然のものというよりは改造された自然だと考える文化である。一方、日本列島とその周辺地域では、タンパク源は魚などを代表とする天然資源であった。糖質に関しても、むろんイネ（米）や雑穀が使われてきたが、少なくない部分がヤマノイモ、ユリネ、クズなどの根栽類、それもどちらかというと野生植物に近い作物であった。人びとの食は、天然資源かそれに近いものだった。自然に支えられていたか、あるいは人びとは自然に沿った生き方をしていた。

日本列島の動物性タンパク質の給源の主たるものは魚介である。海に近いところでは海の魚、内陸部では淡水の魚が食べられてきた。そして、最近三〇年ほどを別にすれば、そのほとんどが天然資源である。

もう一つ、人びとのタンパク源になってきたのが野鳥の類であった。キジやカモ、それにスズメなどは一般の人びとの口にも入ったが、なかには、ハクチョウ、ヒバリなど将軍や力のある武家にしか口にできないものもあった。

野鳥が食べられなくなった理由はいくつかあるが、やはり大きいのが数の減少であろう。野鳥のいくつかは渡り鳥で、彼らがやってきたのは干潟や湿地などであった。タンチョウヅルが来る釧路湿原、鹿児島県出水《いずみ》市のツル飛来地、名古屋市・藤前干潟や、佐賀県・肥前鹿島干潟、千葉県習志野市の谷津干潟のシギ、チドリ、ガンガモなどなど。そしてこれらの土地は、「開発」の名のもと、ここ一〇〇年の間に多くが失われた。最近になってようやくラムサール条約などの後押しもあって、干潟を守る運動が盛んになりつつあるが、今度は多くの鳥類が禁猟の対象になってしまっている。

動物を食する

和食は、四つ足の動物を使わない食文化であるともいわれる。いっぽう、鳥や魚は肉には加えられなかった。二本足の鳥たちは獣ではない、だから食べてもよいという理屈である。魚にはクジラも含まれた。「四つ足禁止」は、動物性の食材に対する禁忌ではない。加えて、イノシシの肉も「山鯨」という隠語を与えられて半ば公然と食べられたし、ウサギは一羽、二羽と数えて鳥であるかの扱いにした。公家の街京都でも、ハクビシンの肉が食べられていたという。

歴史の本などにはよく、日本で肉食が発達しなかったのは天武天皇が肉食を禁止したからだと書かれている。なるほど記録によれば天武天皇は六七五年に、「肉食禁止」の詔《みことのり》を発している。たしかにこれだけを読めばあたかも肉食全般が禁じられたかに読めるが、よく読めば禁止の期間は農耕の忙しい四月から九月の間に限られ、しかも食べてはいけない動物にはシカやイノシシは含まれていない。

むしろ、日ごろの食材から動物性の食材を遠ざける大きな役割を果たしたのは秀吉の「刀狩り」だという研究者もいる。刀狩りは、農民から武器を取り上げた政策と考えられているが、それによって農民たちは狩りの道具も奪われることになった。シカやイノシシなどの大型の野生動物をとる手段を奪われたのだ。その結果、動物性の食材はほぼ魚介類に限られることになり、米と魚への回帰が進んだ。江戸時代の五代将軍徳川綱吉による一連の法令である「生類憐みの令」では、食肉は表向きいっそう厳しく制限されたが、実際は抜け道もあったといわれている。

日本人が「公然」と肉食をするようになったのは、明治期以降のことといわれる。明治五年、天皇が牛肉を食べてみせたのだ。一般の人びとにとっては、家畜動物ばかりか野生動物も食べ慣れていないところに、いきなり家畜を食べることを勧められたわけで、その戸惑いは大きかったようだ。ある旧家では、庭ですき焼きを食べることにしたが、その際、老婦人は仏壇の扉を閉め、玄関の戸口も固く閉ざして家にこもったという。

肉食に対する「距離」は、戦後になってもまだ遠かった。鯖田豊之はその著書『肉食の思想——ヨーロッパ精神の再発見』(中公新書、一九六六)のなかで、日本の洋食はせいぜい洋食化程度のものだと書いている。これまで、肉食はさも健康に悪いもののように繰り返しキャンペーンが張られてきたが、最近になって「長寿者はむしろ積極的に肉を食べている」というような言説が登場した。長生きしたければ肉を食べよ、という言い方だが、この言い方自身、日本社会が肉食社会になり切っていないことを如実に物語っている。

三、クジラを食べる、イルカを食べる

クジラのいろいろな食べ方

クジラもイルカもまた重要なタンパク源であった。それが哺乳類であり、その意味ではウシ、ヒツジなど家畜と同じ仲間であるのに、文化としては、鯨食は魚食に近い側面をもつ。海でとれる生き物であるために自然なことではある。

鯨食文化と一口に言っても、実際は二つの種類がある。一つは、沿岸の捕鯨によるもの、そしてもう一つが南極海など日本からははるか離れた海でとれるクジラの鯨食文化である。両者の間では、とれるクジラの種類も違う。前者は、セミクジラなど比較的小型のものが多いが、後者では、シロナガスクジラ、ナガスクジラなど個体によっては体長が四〇メートルにもなるような大型の種に属するものが多い。

後者の捕鯨は、もちろん近現代にはじまったものである。捕鯨船はとれたクジラをさばいて加工する母船と、実際にクジラを銛《もり》で射るキャッチャーボートとからなる船団を組んで南洋に向かい、数か月をかけて捕鯨する。母船は、病気になった船員を治療する医師と医療器具を積めるほど大きな船だった。随伴するキャッチャーボートが捕獲したクジラは、母船の船首につくられた斜面の部分から引き上げられ、甲板上で解体し冷凍される。冷凍された肉などは、定期的に母船を訪れる輸送船に引き渡され、日本まで運ばれる。このようにして運ばれてきたクジラ肉は、さまざまな料理に加工された。

今なお、わずかながらに流通する「大和煮」の缶詰は赤身を甘辛く煮つけたものである。クジラ肉はかつにもなった。とんかつに比べれば肉は赤黒く、また硬かったが、独特の風味があってそのファンも多かった。わたしも、子どものころはとんかつよりもクジラのかつのほうが好きだった。クジラ肉とミズナを入れたのがはりはり鍋。今では高級料理に数えられるが、昭和の後半ころは庶民の味だった。大阪など関西一円、あるいは長崎など九州のみにみられる独特のクジラ料理で、これも赤身の肉が使われた。

クジラ肉は生でも食される。凍ったままの赤身や霜降りの部分を薄くスライスし、辛子醤油で食べる。同じく関西では、クジラの肉はおでんの具にも使われた。皮の内側の脂肪の部分である「コロ」は、下処理に何日もかかる難物だが、それでもこれを求める愛好者がいて提供を止めるわけにはゆかないという。

鯨食は生存のため

鯨食は最近、一部の国から厳しいバッシングを受けている。捕鯨の仕方が残酷だというのが主な理由である。クジラのような知能の高い動物を殺すなどもってのほか、というものもある。知能が低ければ殺してもよいのかと突っ込みたくもなるところだが、いずれにしても異なる文化同士の対立は珍しいことではない。とくに、食は根源的なものなので、対立は深刻化しやすい。鯨食に対する非難も食文化をめぐる対立である。

クジラの捕獲は、日本の少なくとも一部の地域では人間の生存を守るために必要な手段でもあった。先に紹介した南紀は、リアス式の海岸が続く複雑な地形をしている。小さな湾のなかには、山から川が流れ込んでいるところもあり、そこには河口部に小さな平地ができ集落が成立している。そして決まって漁港がある。こういう土地では、魚が資源である。魚たちは、川から供給されるミネラルを餌に育つプランクトンなどを食べて育つ。そして人びとはそれら湾内の小型の魚をとって生計を立ててきた。

こういうところにもし、群れから外れたクジラの個体が一頭迷い込んだとする。放っておくとそのクジラは湾内にいる魚たちを食べつくしてしまう。こうしたことがあったので、人びとはそのクジラをとって食べることになった。迷いクジラを駆除しなければ、村人の食となる魚が食べられてしまう。クジラ漁は獣害対策の側面をもっていた。クジラが一頭とれれば、たとえ小型のクジラでもその肉や脂肪、ほかの部分は膨大な量となる。それなので、クジラが一頭とれれば周辺の村にまで声がかかり、集まった人みんなで食べつくしたのだという。

クジラ食は、もうほとんど絶滅してしまった。一つには、水揚げが調査船などでとれたクジラの捕獲程度とごく少ないからだが、大きな理由はクジラを食べる機会が激減したからでもある。クジラ肉を普通に販売する店も、クジラを提供する飲食店もなくなりつつあるのだ。文化なのだから、当然にして盛衰はあるのだが、子どものころにクジラで育った世代にはなんとも惜しい話ではある。

イルカも食べれば「ワニ」も食べる

日本社会はイルカも食べてきた。イルカ食もクジラ食と同様、かつて日本各地で見られた食文化である。学校給食のおかずにイルカを出していた地域もある。しかし今では、イルカを食べることはクジラを食べること同様、あるいはそれ以上に忌避されるようになってきた。

第7章で詳しく述べたが、広島県の北部の三次市や庄原市に「ワニ」を食べる習慣がある。ここでの「ワニ」は動物園にいるあの「ワニ」ではなく、フカ（大型のサメ）である。山陰地方でとれたフカはその場で解体され、肉は山を越えて山陽の広島県・三次や庄原に運ばれた。サメと同じ軟骨魚類に属するエイも、同じ理屈で保存の利く動物性の食品として、東北地方や九州の日本海側で盛んに食べられてきた。

日本社会では、海の資源の選別化が確実に進んできている。スーパーなどで普通に見かける魚種は確実に減少してきている。外食店や中食店で販売される魚種も同じである。流通の論理が、「運びにくいもの」を排除してきたから、そして消費者が料理法を知らないものを敬遠してきたから起きたことである。

加えて、クジラやイルカを食べれば非難にさらされ、その傾向は国内外で年々高まっている。国内での非難のベクトルは「かわいそう」という方向を向いているようだ。例えば、水族館などで見られるイルカはいかにも愛らしくて頭もいい。そのようなイルカを食べるのは残酷だというわけだ。「残酷」という文脈でいえば、テレビなどで肉食獣が草食動物を倒すシーンが残酷だという抗議が放送局に寄せられたことがあったという。「残酷」という観念はずいぶんご都合主義的なものである。

昆虫を食べる

虫を食べるというと拒絶反応を示す人が多い。かつて「昆虫少年」などと呼ばれたほど昆虫採集にのめり込んだ人でも、それを「食べる」というと、とたんに腰が引けてしまうそうだ。けれど、昆虫は昔から貴重なタンパク質源だった。長野県の伊那は今でも「昆虫食」の盛んな土地だが、やはり内陸で魚が手に入りにくかった、淡水魚を飼うほどの水系が発達していなかった、などの理由が関係しているのだろう。

ほかにも昆虫を常食していた地域はいくつもある。というよりも、イナゴ、ザザムシ、ハチの子などは西日本各地の水田地帯では当たり前に食べられてきた。また、カイコの繭《まゆ》を取り去った後のサナギの部分も広く食用にされてきた。こうした意味で、昆虫はけっして新興の食材などではない。

最近になって、肉食が環境に大きな負荷を与えるとの認識から、肉食を忌避するビーガニズムなどの流れとともに昆虫への関心が高まりつつある。先に書いたような理由から、昆虫食自体は新しいものでも何でもないが、未来の昆虫食は、これまでのそれとは違った側面をもつであろうことも確かだ。というのも、未来の昆虫食は、地域も生産量も限定されてきたこれまでのそれとは異なり、昆虫を主要なタンパク源の一つと位置づけることになるからである。少数の種に属する昆虫が大量に飼育され、さらに工業的手法によって加工されることになる。

事情は、数千年前に人類が家畜の飼養を始めたときによく似ている。むろん、人類と同じ哺乳類に属する家畜と昆虫とでは事情は異なる。家畜の場合は、人類との共通感染症の心配があり、大量飼育はリスクを伴う。いっぽう昆虫の場合は、人類との共通感染症の心配は小さいと思われるが、昆虫の一部は、それ自体が害虫になり得る。つまり、人類や家畜、あるいは作物に害を与える存在たり得るということだ。それを大量に飼育するわけだから、もし飼育環境から昆虫が大量に逃げ出す事故が起きれば、それこそ大量の害虫を環境中に放散したのと同じことになってしまう。

食文化は、不都合があれば修正を加えながら、少しずつ、一〇〇年、一〇〇〇年の時間をかけて変化してきた。いっぽう最近の技術の進歩は、これまでのそれにくらべると急速でかつ大掛かりである。このような大掛かりな変化が、人類の食文化にどのような影響を及ぼすかはわかっていない。急激で大掛かりな変化が何かの不都合を引き起こしたとき、生じる混乱はどれほどのものになるだろうか。昆虫が将来の人類の貴重なタンパク源になることはあり得ることとしても、あまり性急な変化をもたらさないほうがよい。わたしにはそのように思われる。

四、甘みはどのように手に入れたか

いろいろな甘いもの

甘いものを食べるとき、人は幸せな気分になる。今の時代は「糖質制限」などの宣伝が行き渡り、「甘さ控えめ」などの語がもてはやされるが、それは世の中に糖質があふれかえっていることの証拠でもある。甘味の代表である砂糖の渡来は一六世紀のこと。上方や江戸に伝わったのは一七世紀以降のこととされる。では、それ以前の甘みにはどのような食材が使われていたのだろうか。

砂糖がなかった時代、あるいは十分に行き渡らなかった時代、人びとの甘みを満たしたのが、果物、ハチミツ、あまづら煎《せん》、甘酒、飴などであったと思われる。このうち、果物やハチミツは天然素材で古くから知られ、食べられてきた。果物は古くからあった。日本にあったのはアケビ、カキ、モモなどだが、モモは弥生時代には渡来していたものの、一般の人びとの口に入ったかどうかは疑わしい。カキは古くから日本にあったと考えられているが、『万葉集』にはカキを詠んだ歌はないという。カキはまた干すことで甘みを濃縮させた干し柿になった。これは和の甘味として食されるほか、さまざまな料理にも用いられてきた。

あまづら煎はツタなどの樹液を煮詰めたもので、古代の貴族が好んで口にしていたようだ。清少納言が『枕草子』に描いた「あてなるもの」という夏の甘味は、これだといわれている。ただし希少で、つくるのに手間がかかるので、身分の高い人びとの甘みであったようだ。

では、庶民には甘味はなかったのだろうか。一般の人びとにとって、甘味に対する欲求は現代よりはるかに強かったと思われる。その彼らが、甘味に無頓着であったとか、甘味を知らなかったなどということがあっただろうか。日々、激しい労働に従事していた庶民が甘みを知らなかったとは考えられない。

甘酒は麴菌が産業的に使えるようになってから、おそらくは室町時代に入ってから普及した甘みと思われる。とはいうものの、それらはもっと古い時代から利用されていたものと考えられる。麴菌はでんぷんをブドウ糖のレベルにまで分解するので、食べたものに甘みを感じさせる。麴菌はカビの一種で、もとは毒素を出す野生菌株であったといわれる。そのなかから選びだされたのがアスペルギルス・オリゼである。むろん無毒だが、同じ属にあって猛毒アフラトキシンを出すA・フラバスなどが混入するのか、菌の性質をきっちり維持するには高度な技術を要した。

その役割を果たしたのが、今では種麴屋《たねこうじや》と呼ばれている専門家たちであった。とくに京都に一五世紀にはできていたといわれる「麴座」は、このような技術者集団であったものと考えられる。そして、このころから、麴を使ったさまざまな発酵食品が大規模に生産できるようになったものと思われる。日本が、バイオサイエンスの国といわれるゆえんがここにある。

京都や大阪には白味噌という米を主原料とする味噌があるが、相当の甘みを感じる。それなので、正月の主菓子である「はなびら餅」や端午の節供の「柏餅」の餡に、白味噌が使われる。

いっぽう飴は、「もやし」つまり米やオオムギの種子が、発芽の際に活性化するアミラーゼという酵素の働きを応用してつくられる。この手法でつくられる飴は、現代ではオオムギを使うことがほとんどである。ただし原理からすれば米を使った飴もあるはずだが、現代では一部を除きほとんど見かけない。市販の飴のなかにも米飴と書かれたものがあって、米のもやしでつくられた飴のように誤解するが、そのほとんどは米のでんぷんにオオムギのもやしを加えてつくられたもので、純粋な米の飴とは言い難い。

米のもやしの飴はなぜなくなってしまったのか。その理由ははっきりとはしないが、おそらくは米粒のアミラーゼ活性がムギの種子のそれに比べて弱いのも一因だろう。

このようにしてみると、日本社会は過去にずいぶんといろいろな甘味をもっていたことがわかる。だが今では、砂糖の普及によって、それ以外の甘みはどんどんと減少していき、砂糖寡占の状態になりつつある。食文化の変遷をたどってゆくと、以前は多様であった食材や調理法が、なにか一つの時代の寵児《ちょうじ》のようなものがあらわれると、それが独り勝ちし、ほかを排除してしまう事例がよくみられる。砂糖もそのような例の一つだが、長い目でみてそれは果たしてよいことなのだろうか。「多様性」を守る観点からは旧来のものを保護する方策も必要である。今、盛んにいわれるようになった「郷土食」「伝統食」を守ることの意味は、ここにあるように思われる。

砂糖船とシュガーロード

日本に砂糖をもたらしたのは高僧の鑑真ともいわれるが、本格的な渡来は一六世紀、平戸に荷揚げされたといわれる。砂糖は熱帯原産のサトウキビの樹液を煮詰めてつくられる。日本には南方から船で運ばれたが、この船を砂糖船と呼んだ。そして砂糖は、何と、船底のバラスト（おもり）として積まれていたという。

平戸には、今もカスドースという、一種の南蛮菓子がある。これはカステラを一口大のサイズに切り卵黄にくぐらせたのち、さらに熱した糖蜜にくぐらせ最後にザラメをまぶしたもので、じつに甘い。ゴボウ餅も名物に数えられるが、これもまた甘い。南蛮貿易の拠点はその後、長崎の出島に移ったが、長崎もまたカステラで有名である。ここには今も二〇を超える製造業者があるといわれ、それぞれが個性的なカステラをつくっている。

カステラに限らず、長崎は砂糖文化の街である。農水省の「うちの郷土料理」（長崎県版）には、「長崎天ぷら」と呼ばれる料理がある。これは一種の天ぷらであるが衣には砂糖が加えられる。天ぷら自身がポルトガル由来の南蛮料理であるので驚くにはあたらないかもしれないが、フリッターのようなものだと、農水省のホームページにはある。

その後、江戸時代の中期になると、砂糖は船で上方に運ばれた。大坂には砂糖の問屋が何軒もあり、そこから京都や江戸へと運ばれた。このころには、砂糖は讃岐（今の香川県）や阿波（今の徳島県）で生産されるようになっていた。また奄美や琉球では、その前の世紀から黒砂糖が生産されるようになっていて、薩摩藩はそれを大坂で高く転売し、その金でコンブを買い中国で売りさばいていた。

なお言語学者によると、長崎には料理が甘くないことを揶揄する独特の婉曲な表現がある。「砂糖屋が遠い」「砂糖屋の前を通った」がかなり一般的に使われている。また、佐賀県などでは「長崎が遠い」という表現があるほか、鹿児島県には「琉球が遠い」という表現がある。さらに島根県隠岐の島や広島県には「砂糖屋が遠い」という言い方があるという。

もっとも長崎に渡来した砂糖は、すべてが上方、江戸に運ばれたのではなかった。その一部は、そこから長崎街道を経て北部九州の各地へと運ばれていった。今では、「シュガーロード」と呼ばれるようになったその街道沿いには、そのころから砂糖菓子や料理が生まれ今に伝わっている。

長崎県大村市には「大村寿《す》し」と呼ばれる郷土料理がある。一種のちらし寿司であるが、砂糖を大量に使った甘い寿司としても知られている。長崎にはほかにも、諫早《いさはや》市の「おこし」や長崎市の「有平糖《あるへいとう》（ありへいとう、とも）」が知られる。後者は砂糖だけでつくられる菓子で、さまざまな色素で色づけをした、飴細工のような砂糖菓子である。おこしは、焼いた米などを糖蜜に浸けて固めたものである。

佐賀県では、小城《おぎ》市の小城羊羹や佐賀市の「丸ぼうろ」がよく知られる。小城には二〇軒を超える羊羹製造者がいるといわれ、さしずめ羊羹の街という風情がある。小城羊羹は固まりかけた羊羹の表面を刷毛で掃いて細かな傷をつけ、糖分を析出させたものである。食べると、砂糖がじゃりじゃりして甘みを引き立てている。そして福岡県には「ひよ子」「千鳥饅頭」「栗饅頭」「金平糖」のような菓子もある。九州は全体として、甘いもの好きの食文化をもつ地域であるといって差し支えないだろう。

砂糖の特徴とは

いろいろな甘味のなかで、砂糖がほかを押しのけて中心的な役割を果たすようになったのはどうしてだろうか。物質としてみた場合、砂糖は「ショ糖」でできている。ショ糖は、ブドウ糖と果糖からなる二糖類である。甘酒や飴は、でんぷんを分解してつくられるもので甘味の成分としてはブドウ糖である。あまづら煎も同じである。いっぽう、果実の甘味はおもに果糖による。というわけで、砂糖が特別の成分をもっているわけではない。よく、砂糖の渡来以前、人びとは甘みに飢えていたかのように言われることがある。甘味が貴重であったことに異存はないが、今まで述べてきたように、かといって庶民が甘味をまったく知らなかったとも考えられない。甘酒や飴は、米やオオムギさえあれば容易につくることができた。

砂糖の消費量は、二〇世紀初頭には年間一人五キログラム程度で、その後一九三〇年代に一五キログラム程度に伸びた。戦中・戦後の時期には、砂糖の消費は極めて少なかったが、その後、一九七〇年代には最大で三〇キログラム程度になった。

このようにみれば、砂糖が日本で本格的に消費されるようになったのは一九三〇年代以降、つまり昭和の時代に入ったころからとみてよい。日本は一九世紀末に台湾を併合し、砂糖の生産地を手に入れていた。そしてそのころから、砂糖が比較的容易に手に入るようになった。

それでも砂糖は、二〇世紀のなかごろまでは決して普及品ではなかった。砂糖を結婚式の引き出物や葬儀の香典返しや満中陰志などハレの贈答品に使う習慣も、一九五〇年代ころまでは普通にみられた。砂糖をたっぷり使った料理は、とくに地方部にあってはたいへんなごちそうだった。

その砂糖も、糖分に対する忌避観の高まりから今や邪魔者の扱いである。かつては甘いことを売りにしていた飲料でも、「無糖」「微糖」が注目を集める。砂糖の摂りすぎを、単にカロリーオーバーのリスクというばかりではなく、砂糖の毒性という語までが現れた。けれども糖分は、人の生存や諸活動に必須であることもまた言を俟《ま》たない。

五、郷土料理と手前味噌

各都道府県が選ぶ郷土料理三〇品目

二〇一九年から三年をかけ、農林水産省は全国の「うちの郷土料理」を集める事業を展開した。それぞれの県や地域の日常の食を想定しているが、なかには特定の行事などで食べられるいわゆる「ハレ」の食も含まれる。

全国四七都道府県から集められたのは、各都道府県およそ三〇品目ずつだ。どの都道府県も検討委員会を設けて作業を進めたので、収集にあたっては現地の目が重視された。詳しい内容は農水省のホームページに公開されているのでここでは触れないが、全国にはじつに多数の「うちの郷土料理」、つまり地域のメニューがあることが改めてわかる。

料理の形式や食べ方もいろいろだ。一品ものもあれば、コース料理である会席もある。結婚式などの料理は膳の上にあれこれが並ぶ。鍋もの、丼もの、冬の料理の定番などが各地にみられる。手づかみで食べるもの、葉で巻いたものもあって、地方地域では多様な存在が今にまで受け継がれてきたのである。

ところで、地域を都道府県としてだけみるのはどうだろうか。今の都道府県の枠組みは明治時代につくられたもので、そのもとになったのは江戸時代の藩の仕組みである。藩の仕組みはそれまでの長い時間の蓄積の上に立つ地域分けで、食文化を考えるうえで確かに参考にはなる。藩のもとになった地域は、山や川などの自然の障壁で区切られているところが多く、気候風土の違いや、人の移動の制約からくる文化の違いが温存される。

いっぽう、都道府県や藩の地域では語ることのできない食文化もある。例えば、先に述べた長崎や平戸に入った砂糖が小倉まで運ばれた「シュガーロード」沿いの地域、日本海を津軽から若狭に達したいわゆる北前航路に支えられた日本海文化圏、塩の道を介してつながった地域など、交易を通じてつくられた交易圏は、都道府県の枠組みではとらえることのできない存在である。地域の和食文化にはこうした重層性があった。

京料理

京都が和食のメッカであることに異論を唱える人は少ないだろう。八世紀終わりに都になってからというもの、一一〇〇年の長きにわたり都だった街は繁栄を謳歌した。都がおかれていたということは、天皇がそこにいたということである。そしてそのことは、天皇を頂点とする貴族社会がそこにあり続けたということだ。

このことが京の街を和食のメッカにしたことは疑いがない。貴族社会の食の体系化は大饗料理の形で結実した。大饗と書いて「だいきょう」とも「おおあえ」とも読むが、これは貴族社会におけるもてなしの料理の一つの型であった。一人分の折敷《おしき》（器の下に敷くもの）の上に、てんこ盛りにした飯や小皿に載せた「おかず」を並べ、食べる人は同じく折敷の上に載った醬《ひしお》や塩などで自分好みに味をつけて食べる。

小皿の上の食べ物は動物性の食材が多い。大饗のほか、この時代の食を今に伝えるものに「有職料理」があげられようが、これは大饗に、後の時代になってアレンジが加わったもので当時の姿を留めたものではない。庖丁式などの作法は今に伝わる貴重な様式となっている。天皇や貴族の食というこうした性格から、大饗料理、有職料理というものは都たる京都で生まれ発展した料理の体系ということができよう。

武士の時代には、武士のもてなし料理である本膳料理が生まれた。これも大饗料理の影響を受けたもので、その意味では、これもやはり京の食の体系とみることができる。むろん、どの時代にも地方の食はあったはずだが、記録が残されていない。だから、京都以外の土地に食やその文化がなかったということではなくて、記録がなく、どこにどのような食があったかがわからない、というのが正確なところである。

京は懐石料理や精進料理のメッカともされる。懐石料理は茶道の体系から生まれたもので、その意味では京都生まれという言い方も理解はできる。いっぽう精進料理は、京に都ができるよりずっと前から、主に修験道の行者などによって実践されてきた、動物性の食事を避ける食の体系でもある。それなので、精進料理を京都生まれの食というのはあたらない。ただ、京都には禅宗寺院の本山や有名寺院が多数あり、その近くには精進料理の仕出し屋さんがあったりもするので、そういうイメージができ上がったのだろう。また、宇治にある黄檗《おうばく》山萬福寺はやはり禅宗の一つである黄檗宗の本山で、ここの精進料理は普茶料理として全国的に有名で、それが「京といえば精進料理」のイメージをいっそう強めてきたのかもしれない。このように京都はイメージで語られることも多く、それが京のブランドをつくり上げている面もある。

ところで京料理は、現代にも息づく料理の体系の一つだ。京都の街を歩いているといたるところに「京料理」「京懐石」などの看板を見かける。ただ、だれに聞いても、「これが京料理」というお手本のようなものはない。京懐石にしても、懐石というからには質素な食事のはずなのにずいぶんと豪華なものが多い。値段も高いことが多いから、そうなるのは自然と思われるが、それにしても随分と華美である。

わたしは、京の食文化の特徴を以下の三点に集約したいと思う。(一) 豊富で、きれいな地下水がふんだんに使えること。それはときに、食品の冷蔵にも使えたこと。(二) 三方を山に囲まれ、山、里、川の食材がふんだんに使えること。(三) 街のサイズが適当に小さく、移動や運搬に時間を要しないこと。そして、濃密な人間関係が長く続いて安定した品質の商品が長く供給されたこと。この (三) には、京が長らく都であり、公家と武家の文化が息づいていたことも含まれると思う。

加賀料理

加賀の国は今の石川県の一部をなした地域であった。この付近は、戦国時代には一〇〇年にわたり一向宗による自治組織があったところで、その影響で今も浄土真宗の寺院が多い。京都の本願寺が本山なので、加賀は昔から京の影響を強く受けてきた。加賀の国を支配した前田家の歴代藩主も茶を好んだこともあって、加賀の食文化は京の食文化を色濃く受け継いでいる。いっぽうで、加賀藩は徳川家と姻戚関係にもあって、江戸の文化も取り入れた。

加えて金沢の街を流れる犀《さい》川の河口にある金石《かないわ》は、かつて北前船の寄港地だったところである。北前船の交易でもたらされた巨万の富は、金沢城にいた歴代藩主を中心とする文化の発信者たちをも潤した。直接の証拠があるわけではないが、古九谷に始まる九谷焼も茶事を通じて広まったのだろう。九谷は鮮やかな色合いと斬新なデザインで知られるが、九谷の器が、加賀料理の性格を決めているようにも思われる。

加賀料理を代表するものといえば、治部煮とかぶら寿司だろうか。治部煮は、カモの肉や「すだれ麩」といわれる麩を季節野菜と炊き合わせたもので、もとは武家料理ともされる。加賀地方には、伝統のカモ猟法が残されるなど野鳥食の文化があった。また金沢一帯は麩の生産地でもあり、生麩の一種である「すだれ麩」もそうした特産品の一つである。

かぶら寿司は、この地方の冬の魚であるブリなどの身を、カブラにはさんで麹に漬けてつくった保存食で、この地方の代表的な発酵食品として知られる。なお、隣国の越中では、ブリに代わりサバが使われていたようで、今でも富山県のかぶら寿司にはサバが使われている。

加賀・金沢といえば、先にも書いたように、茶の文化が栄えた街でもある。そして茶事について回るのが和菓子の文化である。これも京の文化の影響を色濃く残しており、和菓子の老舗が何軒もある。

全国銘産菓子工業協同組合が、その創設六〇年を記念して刊行した『日本の菓子――全国銘菓』には金沢から二店舗が挙げられている。うち一軒「森八」は一六二五年創業で、「長生殿」「千歳」という二つの名菓をもつ。「長生殿」は落雁で、命名は小堀遠州と伝わる。金沢らしく紅白二色の落雁で、赤色は最上の紅花を使う。砂糖は阿波の和三盆を使うそうだ。まさに北前船の交易の産物である。

土佐料理

高知県も、固有の食文化をもつ県の一つである。高知県は四国にあり、かつ愛媛県と徳島県とだけ境を接している。しかも両県との境は急峻な四国山脈に遮られて人やものの交流もままならなかった。

高知県は土佐藩だった時代から海に開かれ、海を介して東京や大坂さらには海外とつながっていた。また、太平洋側の鹿児島、和歌山、静岡などとの関係が深く、黒潮文化圏などと呼ばれる共通の文化圏を構成してきた。

今でこそ、四国島内を自動車道路がつながるようにはなったが、二〇世紀後半までは、島外に出るのは飛行機か船が主要な手段であった。鉄道もあるにはあったが、わたしが高知にいた一九八〇年代はじめころは、大阪まで出る手段は飛行機か夜行のフェリーが主で、鉄道で行けば延べ七時間ほどの時間を要した。つまり陸路で大阪に出るのは一日仕事だったのだ。

高知の料理、土佐料理と言えばなんといっても「皿鉢《さわち》料理」だ。大きな、派手な絵柄の浅めの鉢（この器もまた皿鉢と呼ばれる）に、姿寿司、刺身、蒲鉾、揚げ物など多彩な料理がこれでもかと盛り込まれる。ときには羊羹など甘味が添えられることもある。季節によってはカツオのたたきが、もう一皿に盛られることもある。そちらはやや小ぶりの皿鉢とはいえ、皿一杯にカツオのたたきの切り身が並ぶのは壮観であった。

皿鉢料理は典型的なパーティ料理である。何かめでたいことがあったとき、あるいは多くの人が集まる場で決まって出されたのが、この皿鉢料理であった。前述したとおり、わたしは若いころ高知に住んでいたことがあるが、住んでいたのは高知大学の構内の官舎であったので、日々の暮らしは研究室と家の往復だけで、皿鉢のお世話になるのはもっぱら、忘年会や新年会、大学の研究室での飲み会などのときであった。地域との交流はほぼなかったが、地域の旧家では先祖から伝来の器があって、それは壮観とのことだった。

高知の食材として特記しておきたいのがユズである。二〇一九年に全国で生産された約二万一〇〇〇トンの内の五三パーセントが高知県産という突出ぶりである。なかでも県東部の馬路《うまじ》村は「ゆずの村」というほどにユズの生産が多い。

高知県の食のもう一つの顔が、酒飲みの文化である。高知の人はじつによく飲む。いや、飲んだ、と過去形で書くべきかもしれない。飲むのも飲んだし、また飲ませもした。高知の宴会では、余興などで糸尻（糸切）のない猪口《ちょこ》（高知では「そらきゅう」という）、穴のあいた盃（可盃《べくはい》）が使われていた。これをもたされた客人は、注がれた酒を飲み干すまで盃をおくことができないか、穴を塞いだ指を離すわけにいかない。

日本酒も辛口の酒が多い。甘いとたくさん飲めないからだともいわれる。毎年六月一日には、県中部の香南市赤岡町一帯で「どろめ祭り」と呼ばれる祭りが開かれる。この時期が「どろめ」つまり生シラスの漁期にあたることで開かれる祭りで、このときに「大杯飲み干し大会」という催しが開かれる。男性は一升、女性は五合の清酒を、いかに早く、しかもきれいに飲み干すかを競うというコンテストで、男性、女性の優勝者はそれぞれ一三秒程度、一一秒程度だったという。

卓袱料理

卓袱《しっぽく》料理は長崎の料理である。長崎は「鎖国」が続いた江戸時代を通じて海外に開かれた唯一の港町で、ヨーロッパや中国の食文化が入りこんだ希有の街でもある。そして、繰り返すが、日本に初めて砂糖がもち込まれたのも、県北部の平戸で、やがて長崎に運ばれるようになった。

その長崎の街にある代表的なもてなし料理が、「卓袱料理」である。コース料理の性格をもちつつ、かつ大皿料理である。大きな円卓で楽しむ中華料理のスタイルをとる。

ただしその内容は、中華料理のようでもあれば西洋料理のようでもある。あるいはどこか和食でもある。つまり、和洋中折衷の料理なのだ。当時の「洋」とはオランダのことであったので、和華蘭料理などともいわれる。なるほど、たしかに「わからん」スタイルでもある。

メニューは店によりもちろん異なるが、それでもおおよその決まりがある。この意味でも「卓袱」という体系ができ上がっている。これらが、和式の座敷で出されるのだが、食卓は円卓であったり、また椅子席であったりもする。

こうした食文化の背景にあるのは、もちろん、長崎の地が古くから海外に開かれてきた歴史である。砂糖をはじめとする海外からの文化や物資は、まず平戸や長崎に渡来した。鎖国時代にあっても、長崎港は唯一の貿易港として外に開いていた。大陸に近い長崎には常に大陸の文化や物資が流れ込んでいた。

長崎県といえば全国一海岸線の長い県ともいわれる。島が多く、また、複雑な形をした半島が多い。こうしたことから沿岸の地形も、磯あり砂浜あり、また干潟ありときわめて多様である。そのぶん生態系も多様で、海の恵みの恩恵に浴してきた。

長崎の魚で一つ書き留めておかねばならないのが「あご」だろう。あごとはトビウオのことである。トビウオは、煮干しにして、あるいは焼いて保存する。それを出汁に使う。なお、あごの出汁は鹿児島県から能登あたりの日本海側の地域で用いられている。

終章　いくつもの「和食」を未来へ

一、地方を豊かに

いくつもの和食を守る

「いくつもの和食」を守るには、ここまでのところで取り上げたいくつもの地域を守る必要がある。かつて東北学を提唱した赤坂憲雄が言った「いくつもの日本」そのものである。日本の総人口が減少するなか、東京とその周辺だけが人口を維持しているということは、地方地域の人口減少が激しいということである。現実には、若者たちの東京など大都市への流出がとまらないといわれる。仮に都会の大学に行くとしても、卒業後、故郷に戻れば今ほど急激な人口減少は起きないわけだが、卒業後も大都市に残る若者が圧倒的に多い。だから、地方地域では高齢化が進み、産業は衰え、地域の魅力がどんどん薄らいでゆくのである。

東京に行けば、魅力的なところ、おいしそうな食べ物がいっぱいあるかのような情報がマスメディアやインターネットでどんどん流される。現実の問題として、故郷に戻っても仕事はない。親も、家業を継げとは言わない。そんな環境で東京に行くなというのは無茶な話だとも思える。

では、本当に地方地域には魅力も可能性もないのだろうか。そんなことはない。ことに食に関しては、日本の地方地域はとても恵まれているところが多い。自然環境もそうであるし、二六〇年にわたって続いた「幕藩体制」によって守られてきた地域の多様性があった。それが今に引き継がれ、土地の個性を支えてきた。交通や通信の手段の進歩で地域の個性はだいぶ薄れてきたとはいえ、それでも地域の食は少なくとも一部ではまだ健在である。それを基盤に、地域の食を守り次世代につないでゆくことは本当にできないのだろうか。

国内で、いろいろな地域を旅して土地の人たちに接するときにきっと耳にするのが、「うちの地域にはろくなものがない」「見せるようなものは何もないよ」といった否定的な、あるいは自虐的な言葉である。

フランス南西部の気高き村人たち

では、田舎の人が自らの土地を卑下している、ないしは自信をもてないでいる、という傾向は世界のどこでも変わらないのであろうか。確かに、そうした土地は世界の各地にあるかもしれない。しかし、世界にはそうではないところ、つまり自分の土地に自信をもち、誇りをもつ人びとが大勢いる土地もある。

フランス南西部に位置するジロンド県のサン＝テミリオン地区も、そのような土地の一つである。サン＝テミリオンのワインは、世界的に有名である。なにしろ、ここでおこなわれる格付けは世界のワイン業界で通用するほど権威があるのだ。その権威のほどはボルドーの本拠地、ジロンド川左岸の地域のワイナリーを包摂するボルドーの格付けに匹敵する。こうした事情もあって、サン＝テミリオンに、世界に通用するワイン産地であるという誇りをもたせている。

ボルドーワインの生産地として有名なこの地区には、世界各地から大勢の観光客が訪れる。ワイナリーも、海外からの観光客を意識したしつらえをもっている。小さいながらもホテルもある。オーベルジュ、あるいは日本でいう農家民宿のような施設も多い。そして、そこで働く人びとは自分の村やそのワインをとても誇りに感じている。

日本の各地の地方地域の伝統食にも、世界に通用するようなものがきっとある。要は、その地域の人びとが、それにどれだけの誇りをもてるかではないのか。

東京を脱出しよう

世界の大都市のなかでも東京ほど便利な街はない。どこへ行くにも地下鉄が利用でき、しかも数分待てば次の電車が来る。都心にいれば、雨が降っても傘をもたずに移動ができる。食に関していえば、二四時間営業のコンビニやスーパーが至るところにあって食材の入手に事欠かない。水道水はきれいで安全だ。

料理をするにしても、東京にいれば必要な食材は何でも手に入る。地方からは、各地の選りすぐりの食材が東京に集まってくる。地方の漁港で揚がる魚で、良いものは東京に行ってしまう。果物や野菜も同じである。初物は東京に運ばれ、高値で取引される。料理店をみても、世界各国の店が軒を並べている。著名な店の料理人たちが集い、世界中の優れた食材を集めてくる。東京には、食に関する人、モノ、情報が全世界から集まってくる。

けれど、そうすることで、東京の食は「風土」から切り離されてしまったこともまた事実である。まず「旬」がなくなった。もっともこれは東京だけの問題ではないが、東京の場合は季節を感じる機会が地方に比べて少ない。そして食材はいうに及ばず、伝統行事などに接する機会も同じく少ない。とくに子どもたちの一部では、食べる行為は生命維持や栄養補給の手段としてだけで、また写真を撮ってネットにあげる際の見栄えである「映え」が、過剰に意識されたりする。

こうした状況を脱するには東京を出るのが一番だ。もちろん移住してもよいが、移住しないまでも、例えば週末だけ、あるいはもっと手軽に何かの行事のときだけ地方に行く。

春の連休は田植えや野菜の植えつけに行く。夏休みは、野菜の収穫や田の草取りをする。秋の休みには稲刈りや脱穀をする。そして、その地域固有の食べ物、伝統の食に触れる。そうした「脱出」もある。

二、モノを運ぶな、人を動かせ

東京に集まるモノ

どの県も、どの地方も、地元の食材や食文化を宣伝しようと躍起である。東京駅で見かける「駅弁フェア」などもその一つだろう。各県のアンテナショップのほとんどが、東京都心に集まるのもまたそのためである。皮肉なことに、地方の食に関する情報は東京に集中している。アンテナショップを訪れる多くの人はその県の出身者である。ほかは、たまに観光客が訪れたり、隣のアンテナショップを訪れた買い物客がたまに他県の店を覗いたりする程度だ。

むろん、各県の名産品のなかには、東京で知名度を上げて有名になったものもたくさんあるだろう。だからその効果がないとは言わない。けれど、その食材や料理が知名度を上げ、東京でたくさん売れるようになったところで、そのもうけは東京を豊かにすることはあっても、地域にはなかなか還元されない。なかには「大間のマグロ」のように、その地方を有名にし、また利益の一部が還元されることがあるにせよ、そう多くはない。そのことは、高度経済成長の前に日本が自らの貿易のあり方を「加工貿易」と呼んで、海外から安価な原料を買い付けて加工し、付加価値をつけたものを輸出して付加価値分を稼いでいたのと構造が同じである。

この構造が続く限り、東京には全国のうまいモノが集まるが、地方地域にはメリットはあまりない。そして東京の人にとっても、うまい食材は集まるかもしれないが、食材に紐づけされる情報は集まらない。つまり食文化が継承されることは期待できない。舌の肥えた美食家は生まれても、食文化を愛し、地方地域を応援する人は育たない。そういうやり方は地方地域を元気にすることはない。

もちろん現代社会にあって、食材をまったく運ばないなどということはありえない。それでは大都会は死んでしまう。第1章の「共食」の原理を考えても、自分の食をすべて自分だけでまかなうことなど不可能である。けれど、共食の原理はみんなでみんなの食を支えることにある。「自分は支えてもらうが他者は支えない」というのでは共食にならない。

この、食の「そもそも」を考えれば、大都市に住む人びとの食生活はあきらかにいびつである。食材を入手する努力はほとんどせず、加工することも調理することもしない人がうまいものをひたすら追い求める構図は、おそらく持続可能ではない。

人を動かすということ

では、どうするのがよいのか。わたしは人が動くことが大事だと考える。うまい食材があるというなら、その土地に買いに行く。その土地の店に食べに行く。駅弁フェアについていうなら、東京駅で森駅（北海道）のいかめしを買い求めるのではなく、森に行って買ってそこで食べる。

伊豆半島は魚のうまい土地だが、だいご味の一つはその日一尾だけあがった地物の魚を、港のそばの寿司屋で握ってもらうことだといわれる。一期一会の寿司というわけだ。その魚は何という魚で、どのような生態の魚で旬はいつかなど、寿司職人の話を聞きながら食べるのが一番なのだという。そのようにして食べた一貫の寿司の味は、会話で聞いた物語やその土地の風景の記憶などに紐づけられて、頭のなかの引き出しにしまわれる。

人が動くことによって、つまりその土地を訪れることによって、はじめてその土地の風土に接することができる。そこにはどのような食材があるのか。それを使ったどんな料理があって、それはどのような経緯で今に至るのか。そうした食の背景を知ることができる。このように書けば、いったいどうすればそのような時間がとれるというのか、とおしかりを受けるかもしれない。この忙しい時代にあって、一尾の魚のために電車に乗って伊豆まで行けというのか、北海道の森に向かえというのか、と。

けれど、望めばたまにはそれができるような時代を希求するのでなければ、食の持続可能性など絵に描いた餅だし、また、「いくつもの和食」の保護、継承など望むべくもないだろう。「いくつもの和食」の保護、継承にはまず、このような食生活にかかわる基本を社会全体が問い直すことが必要である。

あとがき

父が東日本生まれ、母が西日本生まれであったせいで、わたしは子どものころから、関西の白味噌仕立ての雑煮と、東日本の澄ましの雑煮の両方を食べてきた。また若いころから転居を繰り返したので、いろいろな土地のいろいろな食文化に接することができた。

住んだ土地のなかで一番長い時間を過ごしたのが京都である。京都では、和食文化について研究・教育する機関の設置のお手伝いをさせてもらったこともあり、京都の和食についてはずいぶんよく勉強させてもらったし、その関係で料理人、野菜農家、市場の関係者など、食にかかわるさまざまな人びとにお付き合いをいただいた。

いっぽう、東京にも三年ばかりいたことがあって、東京の食、食文化に触れたことも得がたい経験であった。寿司、そば、和菓子、卵焼き、出汁などについて、東京の和食は京都のそれとはずいぶん違ったし、イタリアンやフレンチの層の厚さは京都にはないものであった。食文化に限らず生活文化はみなそうだが、やはりその土地に住んでみないとわからないことが多い。

このような体験をしたこともあってか、二〇一三年に和食がユネスコの無形文化遺産に登録されてからというもの、わたしの頭から離れることがなかったのは、和食というものがいくつもの顔をもっているのではないかという思いであった。

本書の冒頭で「いくつもの和食」という語を使ったのは、そのことを表現したつもりである。「いくつもの」という語のヒントになったのが赤坂憲雄の『東西／南北考』（岩波新書、二〇〇〇）という一冊である。この本には「いくつもの日本へ」という副題がついていて、それでこの語を借用したのである。

顔であるから、背後には本質がある。さまざまな顔をした和食に通底する何かがある。本書では、その「通底する何か」はさておき、日本列島の各地にあるいろいろな顔をした和食を眺めてみることにした。

あらためて感じるのは、狭い日本列島にある和食文化の多様さである。残念なことに、日本の各地、それもいわゆる地方で、食文化が日々衰えてゆきつつある。食材の生産基地では、農地は荒れ、名産の農産物さえもが消えゆこうとしている。魚は多くの種類で不漁が続いている。食材ばかりではない。食器やいわゆるしつらえの生産や伝統も細ってきている。こうした傾向は、とくに地方、それも山間地、中山間地で顕著である。

和食を将来に向けて継承するには、地方の和食の継承が必要である。そのためには、どこに何があるかを知ることが必要だ。そのような思いから本書を書いたつもりだが、和食の多様性について知りたいという読者のお役に立てれば幸いに思う。

本書を著すにあたり、多くの方がたのご協力を得ることができた。このことをここに書き記しておきたい。平凡社新書編集部の和田康成さんはじめ編集部の方がたには、本書の構想段階から細部に至るまでお手伝いをいただいた。厚く感謝申し上げる。

二〇二三年一〇月

佐藤洋一郎

参考文献

今井悦子「食卓風景に関する研究Ⅱ――食器の属人性および共用への抵抗感に関する地域比較」、日本食生活学会誌、13：183-191（二〇〇二）
奥村生『聞き書 ふるさとの家庭料理〈5〉もち・雑煮』、農文協（二〇〇二）
川井唯史・四ッ倉典滋「北海道産コンブ属植物の系統分類の現状――リシリコンブを中心に」、利尻研究（24）：37-47（二〇〇五）
向後千里編著『富士山と御師料理――御師の家に息づく信仰と生活、食文化の歴史』、女子栄養大学出版部（二〇一九）
佐藤洋一郎『食の人類史――ユーラシアの狩猟・採集、農耕、遊牧』、中公新書（二〇一六）
佐藤洋一郎「自玉属――人やモノとともに移動したイネたち」、BIOSTORY31：74-76（二〇一九）
中村洋一郎『イルカと日本人――追い込み漁の歴史と民俗』、吉川弘文館（二〇一七）
服部保・南山典子・澤田佳宏・黒田有寿茂「かしわもちとちまきを包む植物に関する植生学的研究」、人と自然17：1～11（二〇〇七）
宮尾茂雄「日本の漬物」、日本乳酸菌学会誌13：2-22（二〇〇二）
宮尾茂雄「漬物と微生物」、日本食品微生物学会雑誌22：127-137（二〇〇五）
山折哲雄・川勝平太『楕円の日本 日本国家の構造』、藤原書店（二〇二〇）
和辻哲郎『風土――人間学的考察』、岩波文庫（一九七九）

【著者】
佐藤洋一郎（さとう　よういちろう）
1952年和歌山県生まれ。79年京都大学大学院農学研究科修士課程修了。農学博士。静岡大学農学部助教授、総合地球環境学研究所副所長、大学共同利用機関法人人間文化研究機構理事、京都府立大学文学部和食文化学科特任教授・京都和食文化研究センター副センター長を経て、現在、ふじのくに地球環境史ミュージアム館長。おもな著書に、『食の人類史』『米の日本史』『京都の食文化』（以上、中公新書）、『知ろう 食べよう 世界の米』（岩波ジュニア新書）、『稲と米の民族誌』（NHKブックス）がある。

平凡社新書1039

和食の文化史
各地に息づくさまざまな食

発行日——2023年10月13日　初版第1刷

著者——佐藤洋一郎
発行者——下中順平
発行所——株式会社平凡社
〒101-0051　東京都千代田区神田神保町3-29
電話　(03) 3230-6573［営業］
ホームページ　https://www.heibonsha.co.jp/
印刷・製本—図書印刷株式会社
装幀——菊地信義

ISBN978-4-582-86039-9

【お問い合わせ】
本書の内容に関するお問い合わせは弊社お問い合わせフォームをご利用ください。
https://www.heibonsha.co.jp/contact/